売れる人は
知っている
営業マナー

アポ取りから
訪問プレゼンまで

吉野真由美
Mayumi Yoshino

ダイヤモンド社

はじめに

成功する「営業マナー」術とは？

業種を問わず、営業の現場で「できる人」「トップセールス」として成果を上げている人には、ある共通点があります。

それは、**成功する「営業マナー」**がしっかり身についている、ということです。

私はゼロから立ち上げた営業組織を、5年で業績20倍（1999年度年商1億円から、2004年度20億円）にした実績などをもとにコンサルタントとして起業し、これまでさまざまな業種の企業で、営業スタッフの採用から育成までを行ってきました。

営業初心者から活躍中のベテランまで、営業のマナーと基本を教える研修も行っています。

そうした中で繰り返し痛感するのは、成功する「営業マナー」を知らないがために、いくら努力しても成果に結びつかない人がなんて多いんだろうということでした。

また、私は、営業スタッフの教育を手がけると同時に、一経営者として「営業をかけられる」側でもあるのですが、

「このコツさえ知っていれば、アポを取れる確率がずっと高くなるのに……」
「本人は気づかずにやっているみたいだけど、
これでは印象が悪すぎて、いい結果が出なくても当然だ」

などと思うことが多々あります。

本書で紹介するような「営業マナー」を知っているかいないかで、実績には大きな差が出てきます。いくらいい商品・サービスを持っていても、いくら人柄がよくても、ここを間違えていたら、成果は出にくくなってしまうのです。

また、ビジネスマナーは、時代につれて変わります。営業の現場では、**過去にはよしとされたマナーでも、場合と相手によっては、逆効果になる**こともあります。

本書では、**電話でのアプローチの仕方、アポ取りから、訪問、名刺交換、営業トークの切り出し方まで、机上の論ではなく、実際に現場で使える、効果の高い「マナー」だけを**

紹介していきたいと思います。

人は見た目じゃわからないけれど…

「人は見た目じゃわからない」と、よく言いますね。

私もそのとおりだと思います。

営業管理職の時代、私は多数の人を採用してきました。

拝見した履歴書約９００枚、面接した人約６００名。そして採用した人は３００名。

そうした中で、「人は第一印象だけではわからない」というのは本当だなと思いました。

……でも、その一方で、……そうです、**ちょっとしたマナーから、その人の〝正体〟がわかってしまうことも多かった**のです。

ひとつ、エピソードをお話ししましょう。

どんなに華やかな履歴を持っている人でも、ちょっとした**マナーひとつですべてを台無しにしてしまうことがある**という典型例です。

その行動が命取り！　1秒で不採用に

私は、長くいいお付き合いができる人を採用したかったので、面接ではじっくり会話してから結論を出すことを常としてきました。

また、学歴や職歴など、過去についてのみ話題をふるのではなく、

「これから先、どうなっていきたいのか？」
「どんなビジョン、どんなこころざしを持っているのか？」

ということに重点をおいて聞いてきました。

つまり、見た目や過去にこだわらず、未来に対して前向きな人を採用する、という気持ちで人に会い続けたのです。

でも、そんな私が、過去に一度だけ、たった1秒で、不採用を決めたことがありました。

私に不採用を決意させたその行動とは……。

事前に送られてきたCさんの履歴書を見ると、驚くほど立派な学歴でした。

有名大学を出て、名の通った企業3社に数年ずつ勤めてきたことが書かれていました。

写真も、どことい って問題なしで、字も丁寧。

両親の学歴と兄弟の学歴、また、それぞれの現在の勤め先まで記載されていたのには驚きましたが。

私は履歴書を手に、期待して面接場所である応接室のドアを開けました。

そこには、上品な紺色のスーツに地味なネクタイを締めた男性が座っていました。

ところが、Cさんの次の行動が私を驚かせたのです。

「お待たせいたしました。本日面接を担当させていただきます、マネジャーの吉野と申します」

そう言って部屋に入った私を、なんと、Cさんはソファにどっしりと座ったまま出迎えたのです。

Cさんはたじろぐことなく、ゆっくりと顔を上げ、私が入ってきた方向を眺めました。

その瞬間、私の中で、

「この人を採用してはいけない！　どうかしている！

絶対に人前に出してはいけない」

と心の声が叫びました。

通常、面接であれ営業であれ、企業を訪問して人に会う場合、待つほうには明確なマナーがあります。

一番大切なこと、それは相手が入室してきたらすっくと立ち上がり、出迎えること。決して、のっそりと、ではなく、**すばやく立ち上がって笑顔で迎えるのが敬意の表し方**です。

Cさんの行動は、それとはまったく逆でした。

履歴書に載っていた学歴、前職の企業の名が泣く……、私はそう思いました。

これまで、親から会社から、いったい何を習ってきたのかしら、この人は？

うっかりミスしたとはいえないほどの初歩的な間違いを、30歳を過ぎたCさんはおかしたのでした。これほど大きなバッテンは、一度ついてしまうと、もう消えません。

私はCさんとの面接を15分そこそこで切り上げ、オフィスに戻ると即、サポートスタッフに、

「不採用通知の準備をお願いします」

と告げたのでした。

会議室や応接室で人を待つ場合、相手が入室してきたら、速やかに立ち上がって迎え、挨拶する姿勢が日本では求められています。

そして、アポ取り、名刺交換、商談と、さまざまな場面で、これと同じように**「絶対はずしてはいけないマナー」**があるのです。

1秒でバッテンをつけられないためにも、本書で紹介するマナーはぜひ実行してくださいね。

吉野　真由美

第2章 訪問・プレゼン・商談のマナー

第3章　会話のマナー

第4章

外見・服装のマナー

第5章　ピンチを切り抜ける緊急時のマナー……195

第6章

第1章
アポ取りのマナー

どんなにすばらしい商品やサービスを持っていても、電話やメールでアポを取り、きちんと会ってプレゼンできなければ、そのよさはまったく伝わりません。
つまり、お客様に会うことができなければ、宝の持ちぐされ、なのです。
また、ただ会うだけでは意味がありません。
たとえば、「ご挨拶だけでもさせてください」などと言ってアポを取った場合、目的を明確に相手に伝えていませんから、お客様は
私たちが提案する商品やサービスについて知ろう、話を聞こう、と思ってはいないのです。
その結果、ただ会うだけで終わってしまい、プレゼンする状態にたどりつけなかったり、
商談を始めたとたんに、「えっ、そういうつもりだったの!?」
などと不快に思われてしまうことにもなりかねません。
この章では、実際、営業としては神経の7割をつかうことになる、
お客様に「会う約束を取り付けるまで」を、いかに確実に行って成果をあげるか、
そのマナーをお伝えしていきます。

こんな営業はいくらやってもムダ！

お客様には、今では電話やメールでアポイントを取り付けてから会うというのがマナーであり、常識です。

過去には、営業の世界には「飛び込み」訪問という手法もあったのですが、３つの理由からすたれつつあると考えられています。

まず第一に、社会情勢が変わりました。

日本は今、リストラが完了した時代といわれています。つまり、企業の中では最少の人数で最大の仕事をこなすようになっています。ですから、社員一人ひとりの仕事量が以前よりも多いのです。

一人ひとりが朝から夕方まで精一杯働いて、ようやく仕事が終わります。また、ＩＴ化がこれにさらに拍車をかけました。

そんなふうに、日一杯忙しく働いている社員を突然訪ねて、

「近くまで来たので、ちょっと寄ってみました」
「今日は、大事な情報を持ってきました」

と言ったところで、

「こんなに忙しいときに……。ちゃんとアポを取ってから来てください！」

と迷惑そうに突っぱねられてもしかたありません。

飛び込み訪問で新規開拓するには、たいへん効率が悪い時代となっているのです。

第二に、飛び込み訪問という手法そのものが、ひどく人件費が安かった時代の産物だ、ということです。

飛び込み訪問であれば、1時間で訪問できる件数はせいぜい10件でしょう。ビルの最上階から順番に訪問しておりてきたとしても――。

一方、**電話アポであれば、1時間に25社は電話をかけ、見込みをさぐることができます。**

高い人件費を払った人材に飛び込み訪問をさせて、それで生産性をあげるというのは、無謀なこととなりました。

第三に、誰でも、パソコンや携帯電話をちょっとさわってインターネットにアクセスするだけで、たくさんの情報を集められる時代になりました。

過去には、営業スタッフが企業に情報を運んできたものでした。営業スタッフは、「大事な情報をお届けにきました」と言って飛び込み訪問することができたのです。

しかし今は、質、量ともに、お客様自身で相当な情報を得ることができます。よって、飛び込みでやってくる営業スタッフから情報を得ようと思うお客様は少なくなりました。

したがって、**目的を明確にした確実なアポを、見込み客に取り付ける。**しかも、**出会うまでの段階で、すでに信頼関係を築き、期待していただく。**

そのステップが非常に重要になっているのです。

つまり、**お客様に会うまでの段階で、上質な企業、信頼に値する営業スタッフである、ということを印象づけるマナーこそが求められている**のです。

また、こうしたあいまいな言葉でアポが取れたとしても、それで会ってくれるお客様と実のある話ができることは滅多にない以上、最終的に契約に結び付くことも少ないのが現実です。

せっかく会えても、いわゆる〝かすアポ〟で終わってしまうのでは意味がありません。

LESSON

飛び込み訪問はムダ。まずは電話で、目的を明確にしたアポを取り付ける

2つのポイントで信頼と期待を！

私は以前、転職して新しい職場に向かうお客様にこんなことを言って、ダメ出しされてしまったことがあります。

「今度、ご挨拶がてら、遊びに行ってもよろしいですか？」

すると、お客様はこう言ったのです。

「遊びに来るんじゃないでしょ。ご挨拶だけでもないでしょ。何について話すのか、どんな商品について話したいのか、**本当の目的を伝えてアポを取るのが、マナー**なんじゃないか？」

そのとおり！　と思いました。

ささいで、あいまいな、ニセの目的をかかげて、アポを取り付け、とにかく会う。その後、本当の目的を果たそうとする。これは、1980年代に流行した使い古された手法です。

たとえば、

「アンケートだけでもお願いします」

と言ってドアを開けさせ、ドアが開いたら、アンケートだけにとどまらず、商品を売り込むといった、いわゆる「フット・イン・ザ・ドア」という手法です。

今では、これは嫌われます。また、マナー違反でもありますね。

何の目的で訪問するのか？　つまり、最終目的である契約まではにおわさなくてもいいものの、**相手に伝えたい情報が何なのか？**

自分が行くことで、**相手にどんなメリットがあるのか？**

アポを取り付けるときには、まず、この2点をしっかりと電話、もしくはEメールで伝えることが大切です。

そうすることによって、**訪問してからもすんなり本題に入ることができるのです。**

また、結果的に、**相手の時間を大切にしている**という印象を与えることができます。

LESSON

アポ取りでは、まず「訪問の目的（伝えたい情報）が何か」「相手にどんなメリットがあるか」の2点を伝える

アポ取りの禁じ手！ 嫌われて、〝かすアポ〟をつかむ

電話でのアポ取りで、お客様から好かれ、信頼され、期待される。また、会ってからはスムーズに話が進む……。そんなことができればいいな、と思いませんか?

そうですよね。

でも、多くの人はこの逆のパターンをやっているのです。

つまり、アポ取りの電話をかけて嫌われ、信頼もされず、期待もされず、仕方なく会ってもらう、といった具合に。

よいアポ取りについて話す前に、禁じ手について述べておきましょう。

まず、以前はこれでよかったが、**今はこれではダメ、という話し方**です。


「ご挨拶だけでもさせてください」

「名刺交換だけでもさせていただけるとうれしいです」

「5分か10分だけでも、お時間いただけませんか?」

「近くまで行くので、ちょっと寄ってもよろしいですか?」

「そちらの地区をまわっているので、遊びに行ってもよろしいですか?」


どんなに軽い感じでアポを取ろうとしても、人々は今、こうした言葉には反応しません。

これらに共通するダメな点は何でしょうか?

それは、**目的があいまいで不明確**、ということです。

もう誰も、こういったささいであいまいな目的で、営業スタッフがわざわざ時間をさいて訪問してくるとは信じないのです。だから、これらはウソつきのアポ取りです。

「そんなわけないでしょ! 本当の目的は何なの?」

電話の向こうで、お客様はそう思うのです。

あいまいな目的をかかげて、とにかく会いにやってこようとする初対面の営業を信じろと言っても、それはしょせん無理な話です。

もしも、この言葉でアポが取れたとしても、こちらが猫をかぶって行くからには、相手も心を開かず面会するでしょう。

これでは、初回面談の意味が薄れてしまいます。


では、今どきの成功するアポ取り、**お客様から好かれ、信頼され、期待されて初回訪問を果たせるアポ取りをする**には、どうすればいいのでしょうか?

アポ取りを成功させる! 3つのマナー&トーク

営業からアプローチを受けるお客様の立場に立ってみてください。

お客様は以下の3つがなければ、絶対に会おうとは思ってくれないものです。

Point!

①目的が明確
②役に立ちそう、自分にメリットがありそう
③楽しそう

①②については、先ほど少しお話ししましたね。私がアポを取るときには、相手にとってのこの**3つを一番大切に考える**ことにしています。

そこで、このように伝えます。

成功マナー1　目的を明確にする

目的は、**「情報提供」「情報収集」**という言葉を使って伝えます。

今、人々は情報というものに対して**価値**を感じます。「売り込みは受けたくないけど、情報収集するのはよいことだ」という認識があるのです。

そこで……、

「〜〜の件で、情報提供させていただければと思います」

「○○様、〜〜について情報収集のひとつとして、ぜひ一度、お話を聞いてみてくださいませ！」

「〜〜について、情報提供させていただければと思いますので、15分ほどお時間をくださいませ」


このように電話で言うことで、「来る目的が何なのか？」がはっきりわかります。

訪問したときにも、世間話でお茶をにごすことなく、すぐに本題に入れます。

ここで言う情報提供のひとつが、相手にとって役に立つ自社商品やサービスの提案になる、ということなのです。

成功マナー2 「役に立ちそう」であることを伝える

よく受ける質問があります。それは、

「電話でどの程度、商品の説明をしてから、アポを取り付けるのか？」

ということです。

また、こんな相談もよく受けます。

「電話で商品のよさをしっかり伝えてから、アポを取り、お会いしたいと思います。そこで、あれがいい、これがいいと、商品説明をしっかりします。が、結果として、電話の時間ばかりが長くなって、結局アポが取れずに終わります。何がいけないのでしょうか？」

ひとつ間違ってはいけないこと、それは、**アポ取りの電話では、アポを取ることが目的であって、商品説明が目的ではない**、ということ。

つまり、〝味見〟はさせても、〝メインディッシュ〟を出してしまって、お客様のお腹をいっぱいにしてはいけない、ということです。

しっかり商品説明をし、よさを伝えてしまうと、かえってアポが取れないということになりかねません。

じゃあ、いったいどうすればいいの？

と嘆く方も多いことでしょう。

私は、アポ取り時の内容の伝え方には明確なルールを持っています。

それは、次の2点です。

◎ **メリットを伝える** ⬇ **アポが取れる！**

× **商品について詳しく説明する** ⬇ **アポが取れない！**

「メリットを伝える」というのは、

その商品を使ったら、「どんないいこと」があるのか？
どんな「素敵な未来」が待っているのか？

それを短い言葉で、お客様に伝えるということです。

私の会社では、テレマーケティング事業部を持ち、テレアポ代行、つまり法人営業の新規開拓のアポ取りを行っています。その実例から、どう言えばメリットが伝わるのか、いくつか具体的に例をあげてみましょう。

①コスト削減に訴えるアポ取りトーク

先方のコスト削減に貢献できるような提案であれば、次のようにかなり具体的に言うことで、**相手に〝お役立ち感〟が明確に伝わります。**

「このたび、弊社では○○の法人営業部を立ち上げまして、
企業様の大幅な経費削減、コストダウンのお手伝いができることになりましたので、
お電話させていただきました。
弊社にお任せいただいた結果、
『毎月10万円だった支払い額が7万円ほどに下がった』という例もございまして、
年間で約36万円のコストダウンができたケースもございます。
もちろん、それ以上になることもございます。
御社でも、法人名義で契約されているかと思いますが、
それを今後、どのくらいお安くできるのか、
専門の担当者から情報提供させていただいております」

②エンジニアの派遣など人材派遣系のアポ取りトーク

前のトークは、コストダウンできる金額を月々の支払金額に切り崩して、相手にわかりやすく伝えているのが特徴です。

人材派遣の場合も、同じように具体的な削減効果をわかりやすく伝えます。

「リーズナブルな価格で、御社の要求されるスキルを持ったたいへん優秀なエンジニアを派遣できる会社でございます。
一例をあげますと、
今まで10名で1つのプロジェクトを4週間でこなしていたのが、弊社からの派遣によって、6名の人数で3週間で完了できた、といった事例もございまして、業界で高い評価と信頼を得ております。
御社でも何かお役に立てるのではないか、ということでお電話させていただきました。
実際、派遣先の企業様からは、
他社の派遣に比べてスピードとスキルが全然違う、というお声をいただいております」

③節税に有効な金融商品などのアポ取りトーク

企業がどんなトークに一番メリットを感じ、興味を示すかといえば、それは結局のところ、**「利益に結びつくもの」**という一点に尽きます。これは商品や業種を問いません。コストダウン、生産性向上（プロジェクトの効率化や人件費削減）、節税や内部留保アップなどです。

「優良企業様だけにご案内しております、節税効果の高い、決算対策の○○について情報提供したくお電話させていただきました。節税効果が高く、内部留保を確保し、御社の発展を下支えするタイプの○○です」

成功マナー3 「楽しそう」であることをイメージさせる

心理学では、人間には基本的に5つの欲求があるといわれています。そのひとつが**「楽しみの欲求」**です。

人は誰でも、楽しそうな人、場所、組織に集まり、よい関係を築いていきたい、と考えるものなのです。

アポ取りにおいても同じです。

楽しそうなのか、つまらなそうなのか、陰気なのか、ワクワクするのか、うっとうしいのか。

相手がどう思うかによって、アポイントを受け入れるかどうかがまるで違ってきます。

以前、こんな経験をしたことがありました。

アポが取れていたので、前日に電話で確認を入れました。

「明日の○時に□□の件で、おうかがいいたします、

○○会社の吉野真由美と申します。

△△もお持ちできますので、どうぞ楽しみにお待ちくださいね」

返事はYESだったので、当日その方を訪ねました。

すると、伏し目がちに妙なことをおっしゃるのです。

「……いや、実は、今日は来てもらうのをやめようかと考えていたのです」

なんと、アポキャン（アポイントの突然のキャンセル）になるところだったわけです。

ヒヤリとして、私は尋ねました。

「訪問を断ろうと考えていらっしゃったのですね。

「……では、なぜ、昨日私が電話を入れたときにお断りにならなかったのですか？」

すると、驚くべき答えが返ってきました。

「……昨日、電話をいただいたときに、**吉野さんの声がとっても楽しそうに聞こえたから。だから、断るのをやめたんです**」


これでわかりました。

たとえ**アポイントが取れたとしても、お客様の心の中は五分五分**であることも多いもの。

つまり、そのアポイントがそのまま生きて訪問できるのか、もしくは結局、キャンセルになるのかは、紙一重であるということが。

それから私は**アポ取りの電話のときも、事前確認の電話を入れるときも、楽しさを演出することを心がける**ようになりました。

どうやって？

それは、言葉というのもありますが、**一番は声の出し方（ボイス）の部分が大きい**でしょう。

私は、**電話をかけるときには、常に鏡を前に置きます。**

そして、自分の口元が逆三角の形で笑っているのを確認しながら、話します。

笑顔の口元からは、楽しい声が自然と流れ出てきます。
暗い表情、口角が下がった口からは、断られやすい陰気な声が出るものなのです。
もって生まれた声質は関係ありません。

この方に会いたい！
会って貴重な情報を伝えたい、そしてさらによくなっていただきたい！
成功していただきたい！

そういう気持ちを込めて最高の笑顔で話すのが、営業スタッフとしてアポ取りを成功させる秘訣、ひいては電話をかける場合の最大のマナーでしょう。

LESSON

訪問する目的とメリットを明確にし、最高の笑顔で楽しそうに話す

アポ取りが成功する声の出し方

◎ 電話の前に鏡で表情をチェックする

☑ 口元が逆三角形になっているか？
☑ 明るい笑顔になっているか？

↓

「この方に会いたい！」

「会って貴重な情報を伝えたい！」

「それによって、成功していただきたい！」

という気持ちを込めて、最高の笑顔で話す

効果的な留守番電話へのメッセージの残し方

相手の携帯電話や自宅に電話をかけると、つながらず留守番電話に切りかわることがありますよね。

そんなとき、あなたはどうしていますか？

ブチッと切るか？

何かひと言、留守番電話にメッセージを残して切るか？

この場合、次の２つのポイントに気をつけることが重要です。

Point !

①留守番電話に残すメッセージの内容
②留守番電話に残すタイミング

成功マナー1 留守電に残すメッセージの内容は明確に

1回目の電話をして相手が出なかった場合には、まず**「自分の会社名、名前、用件」をきちんと伝えるメッセージを入れます。**

そして、**「何月何日、何曜日の何時にどんなメッセージを残したのか」をきちんとメモしておきます。**

これは、たびたび留守番電話にメッセージを残して、しつこい印象を与えてしまうのを防ぐためです。相手が誰であれ、**さわやかな好印象をキープ**しなくてはなりません。

成功マナー2 次に留守電にメッセージを残すタイミングは最低7日後

最初に用件とともに留守番電話にメッセージを残したのであれば、**次にメッセージを残すのは、最低7日後**と決めています。

2回目、3回目に相手が電話に出なかった場合には、着信記録が残るでしょうが、1回目の電話をかけたときに留守番電話にメッセージを入れているので、何度も同じことを吹き込む必要はありません。

相手は、「あ〜、このあいだ言っていた件で、また電話をくれたんだな」と思ってくれるでしょうから。

営業が新規のお客様にアプローチする場合、留守番電話のメッセージを残すのは、**7日間に一度**、このペースが相手にも無理なく喜ばれるでしょう。

LESSON

1回目の留守電には「社名・名前・用件」を残し、次にメッセージを残すのは7日後にする

Eメールでアポを取りたいときは?

アポを取る手段は電話だけである、と考える必要はありません。

結果として、**目的を明確にした、日時を指定したアポイントがきちんと取れることが**大切なのですから。

そのための手段として、以前会ったことのある人、すでに面識のある人に対してなら、Eメールでのアポ取りは可能でしょう。

マナーとは常に、「相手にとって快適かどうか」を基準に判断すればよいのです。

会ったこともない人間から、ある日突然「アポを取りたい」というメールを受け取ったら、大抵の人はぶしつけだと思うはずです。

したがってEメールは、まったくの新規の人というより、**誰かからのご紹介などで一度は会って話したことのある人に対してだけ行うのが得策**でしょう。

メールのよいところは、24時間いつでも確認できて、世界中どこにいても、返信したければすぐにできる、ということです。

興味があれば、返信して反応すればよいのです。

あるとき、私のところに42～43ページのようなメールが来ました。きちんと紹介者名や私と会ったときのことが記された上で、具体的に用件やアポの日時案が書かれ、さらに「不要なご案内でしたら……」とこちらを気づかう文も入っています。

私は「しっかりした方だな」と、好印象を持ちました。

また、内容も私にとっては興味のあることだったので、返信をして面談に至りました。

もちろん、いくらいい印象を持ったところで、内容に興味がなければ断っていたでしょう。しかし、営業サイドからすると、たとえそのときは断られても、いい印象さえ残しておけば、今後、また何かの機会に再アプローチする余地が残ります。

3月22日（木）14：30　16：00
　　26日（月）16：00
　　27日（火）11：00　14：30　16：00

などは、ご都合いかがでしょうか？

あるいは日程が合わないようであれば、上記日程以降でも
調整可能ですので、ご希望の日時をお知らせください。

不要なご案内でしたら、お手数をおかけいたしまして、
申し訳ありません。

お返事をお待ちしております。
どうぞよろしくお願い申し上げます。

……………………………………………………………………

○○○○株式会社
○○事業部
○○○○子
連絡先

件名:○○○

abcdefghijklmn@123456.co.jp

△△株式会社　代表取締役社長
吉野真由美様

先日、〜〜の会で、○○株式会社の△△様より、ご紹介いただきました、××株式会社の○○○子（フルネーム）と申します。

弊社では「〜〜〜〜〜」という理念のもと、〜〜〜〜〜の事業を行っています。

御社の○○○○をサポートさせていただくことで、ますますのご発展に寄与できるのではないかと思い、メールさせていただきました。

弊社としては、双方向で末永いお付き合いを希望しています。

お忙しいところ恐縮ですが、一度お伺いさせてください。
日程につきまして、

これはとても貴重なことです。

このようにメールは、まったくの新規、見ず知らずの人や企業に対して行うというより、面識のある人に対して、あらためて用件を明確にして仕事でのつながりを築くためにアポを取るのに有効な手段といえます。

LESSON

メールでアポを取るのは、「一度は会ったことがある人」だけにする

有力者に100％アポが取れる話し方

企業の経営者など、自分よりはるかに目上の人にアポイントを取り付けようと思ったとき、どのような言い方をすれば失礼がないのか、また、実際に有効なアポが取れるのか、は迷うところです。

相手にとって自分と会うメリットを訴えようにも、それが思いつかない。

また、こちらから情報提供するほど、こちらに情報があるわけでもない……。

つまり、相手は自分の役に立ってくれるだろうけれども、自分は今すぐ直接的に相手の役に立つことなど到底できない……。

卑下ではなく、実際そのように感じることはあります。

でも、この人に会いたい！

会ってお力をいただくことができたら、きっと発展につながるだろう！

そう思ったとします。

では、なんと言ったら無理なく、失礼なく、アポイントを取り付けることができるのでしょうか？

このような場合、**正直に率直に訴える**のがよいでしょう。虚言や虚飾は、それがはげ落ちたときにかえって信頼関係をそこないます。ですから、**本当のことを言ってアポを取る**ようにします。

この場合は、先ほどまでとは逆に、次のような言葉は、自分よりはるかに成功されている人、目上の人には〝ぶしつけ〟と映ってしまうでしょう。

「○○の件で、メリットのあるご提案ができます！」

「○○の商品のご案内をさせていただきたいと思います」

「○○で、有効な情報提供をさせていただきたい！」


自己中心的な、ずうずうしい売り込み活動か？

そう間違えられてもしかたありません。

こういった場合には、もう少し謙虚にいきましょう。


「教えてください」


こういう言葉でアポを取るようにします。

たとえば、

「私、このたび△△の新規事業での展開を視野に入れ、準備に入っているところです。○○様は、△△の分野でたいへん深い見識とキャリアのある方とお聞きしております。

つきましては、たいへんお忙しいこととは思いますが、よろしければ20分ほどお時間をいただいて、△△について、少しでも教えていただけませんでしょうか？ご教授いただけましたら幸いです」

このように本当の理由を言い、「教えていただけませんでしょうか？」でアポを取るようにするのです。

「教えてください」と言って、そう簡単に人が「教えてあげよう」という気持ちになるものだろうか？

そう思う人もいるかもしれませんね。

しかし、本当の意味での有力者は、あとに続くがんばる後輩を応援したい、という気持ちを持っている場合も多いものです。

最初は、仕方なさそうに時間を取ってくださるかもしれません。

でも、真摯《しんし》な態度で接し、真剣に情報収集するこちらの姿が、相手の心を動かすこともあります。

また、教えをこう姿というものは、**相手の「力の欲求」（認められたいという欲求）を満たす行為**でもあるわけです。

「教えてください」と言って、「教えたくない」と断られるのも、ひとつの経験、勉強です。

その場合は、将来もっと、その方の役に立てる自分になってから再度チャレンジしてみよう、と割り切ればよいのではないでしょうか。

また、**いただく時間は「30分以内」をご提案するのがよい**でしょう。

理由は、忙しい人でも、せいぜい30分刻みでスケジュール管理しているからです。

「1時間ください」「30分ください」と言うと、

「その時間は取れない」ということになりますが、

「15分ください」

「20分いただけませんでしょうか?」

などと言うと、

「じゃあ、それくらいなら」とYESをもらうことができます。

そして、15分か20分でアポを取ると、実際には、結果的にその人の時間を30分いただくことができるものです。

LESSON

有力者には「教えてください」という姿勢が効果的
また、アポは「15分」「20分」が取りやすい！

ここが違う！「仕事ができる人」の電話の取り方

あなたが会社にかかってきた電話にどう対処しているかによって、あなたがランクづけされているのはご存知でしょうか？

電話の取り方、取り次ぎのうまい、へたで社内での評価が決まる、と言っても過言ではありません。

「あいつは仕事のできないやつだ！　彼がからむと、仕事が難航する」
と言われたり、また、逆に気が利いた対処法ができていると、
「○○さんのおかげで助かったよ。ホント、気が利くから重宝だ！」
と喜ばれたり。

特に始めてのお客様から、商品やサービスなどについて問い合わせの電話がかかってきた場合は要注意です。

お客様からEメールやインターネット経由でお問い合わせがくることも多い現在、あえて自社に電話をかけてくること自体、まず何らかのメッセージととらえましょう。

お客様のほうから電話がかかってきたことが意味するのは、次の3つです。

Point!

①こちらにすぐに対処してもらいたいと思っている

②ホームページなどで、自社商品やサービスについて知ったが、そこには書いていない情報を、直接担当者から聞きたがっている

③こちらがどの程度の会社なのか、今後付き合う価値がある会社なのか、

対応によって見定めようとしている

こうしたことをふまえて、お客様からかかってきた電話の意図を理解し、十分な対応をすべきなのです。

従来型の電話対応では不十分です。通用しないというわけではありませんが、ビジネス上で損をします。

まず、今となっては不十分である典型的な従来型の電話応対を見てみましょう。

社員「○○会社でございます」

お客様「わたくし、××会社の××と申しますが、○○の担当の方はいらっしゃいますか?」

社員「あいにく席をはずしております。戻りましたら、こちらからお電話させましょうか?」

お客様「いや、結構です。また、こちらからお電話させていただきます」

従来は、担当者が不在のときにかかってきた場合は、次の3つに分類して対処する、と習ったものでした。

Point!

①電話があったことを伝えておきましょうか?
②折り返し、お電話を差し上げましょうか?
③用件を伝えておきましょうか?

しかし、この3つに分類すると、ひとつまずいことが起こります。

それは、**すべて事後対応になってしまう**、ということです。

担当者が戻るまで対応できない、戻ってからその本人しか対応できない、ということです。


それに対して、**今の時代にふさわしい効果的な電話の応対方法**をお伝えしましょう。

それは、せっかくかかってきた1本の電話を、簡単に切らず、**相手の意向を把握**し、そして、できれば**その電話でアポイントまで取り付けてしまう**、ということです。

以下の2つの方法で、チャンスをゲットしましょう。

成功マナー1　とにかく用件を聞き、他の者が対応する

社員「○○会社でございます」

お客様「わたくし、××会社の△△と申しますが、○○の担当の方はいらっしゃいますか?」

社員「あいにく、その者は席をはずしておりますが、他にわかる者がおりましたら、対応させていただきたいと思います。どのようなご用件でしょうか?」

このように、とにかく少しでもわかる誰かがその電話に出て、わかる範囲で対応します。

成功マナー2　「かけ直す時間」を約束してしまう

次に、アポを取る、という方法です。

社員「○○会社でございます」

お客様「わたくし、××会社の△△と申しますが、○○の担当の方はいらっしゃいますか?」

社員「あいにく、その者は外出中です。
戻りましたら、こちらからお電話させていただきたいと思います。
お電話をさせていただくお時間帯ですが、
本日の夕方5時頃はいらっしゃいますでしょうか?」

このように、**具体的に「電話を折り返す時間」**を決めてしまうのがポイントです。もしも従来型の「折り返し、お電話差し上げましょうか?」という決まり文句で尋ねたら、「……いいえ、また、こちらからお電話します」「いえ、結構です」などと逃げられてしまうのがオチです。

ところが、こちらから、**「~時頃はいらっしゃいますか?」と尋ねると、お客様はつい、こう答えてしまう**のです。

お客様「あ〜、いますけど……」

社員「ありがとうございます。では、詳細は、担当の○○から、
あらためてお電話で、ご説明いたします。
本日の5時頃にお電話させていただきますので、
どうぞよろしくお願いいたします。
わたくしは○○と申します。
御社名とお名前をもう一度、おうかがいできますでしょうか?
念のため、お電話番号もお願いいたします。
失礼があるといけませんので、部署名とお役職名もお願いいたします」

このようにコールバックする時間まで設定しておけば、かけたときに今度は相手が不在で、電話が行ったり来たりになる、といったことも避けられます。

お客様から1本のお電話、お問い合わせをいただけることの価値を感じましょう。

そして、その1本の電話を早々と簡単に切るのではなく、少しでも情報収集、もしくは日時を指定したアポイントに結びつけるよう心がけましょう。
一人ひとりのちょっとした努力で、組織の発展は決まるのです。

LESSON

たった1本の電話を大切にできてこそ、大きなチャンスがつかめる！

第2章

訪問・プレゼン・商談のマナー

ようやくアポが取れ、初めてお客様を訪問する日――。
緊張しますよね。
どうすればこの貴重なチャンスを最大限に生かし、
面談を実りあるものにできるのでしょうか？
この章では、訪問する時間、相手先での基本的な振る舞い方、名刺交換などについて、
成功するマナー術を一つひとつ、具体的に紹介していきます。
緊張していると誰でも頭の中が真っ白になり、思わぬミスをおかしがちなものです。
この章で紹介するマナーは、ビジネスを成功させる上で重要なものばかりですから、
しっかり頭に入れ、体に覚えさせて、
ぜひスムーズに実践に移せるようにしておきましょう。

これをすると大恥をかく！　企業訪問のマナー

ある日の午後のこと、友達の女性社長Dさんから電話がかかってきました。

なんだか、ホームページ制作を依頼している企業の担当者が気に入らない様子です。

「いったい、どこがどう気に入らないの？」

と尋ねる私に、

「どこがどうってわけじゃないんだけど……。

最初から、担当者も会社も、イマイチ気に入らないのよ」

と、あいまいな返事。

しばらく話すうちに、Dさんは、そのホームページを制作する会社は、社員にマナー研修をしていないに違いない、と言い始めました。

「一事が万事、って言葉があるじゃない？

そういう意味で、この会社は問題……」

詳しく話を聞いてみて、わかりました。

こんなことがあったそうです。

担当者がD社長の会社を打ち合わせに訪れたのは、ある冬の日でした。

会議室に、「お待たせ！」と言って入ってきたDさんの目に飛び込んできたのは、コートを着たまま座って待っている担当者の姿……。

Dさんは一瞬言葉を飲み込み、心の中でつぶやいたそうです。

「あなたねぇ〜、人の家や会社を訪れる場合には、コートは外で脱いでから入るものよ！

そんなこと、親から習わなかったの？

会社ではマナー研修してくれなかったの？」

紹介で来た人だったため、打ち合わせは進めたのですが、それ以来すべてが気に入らなくなり、仕事の依頼そのものを取り消そうかと悩んでいる、とのことでした。

私は、Dさんが特別マナーにうるさい人だとは思いません。

担当者の行動ひとつ、マナーひとつで、本人の品格から会社のあり方まですべてが疑われてしまう、こういうことは実際によくあるのです。

家でも企業でも、訪問する場合にはコートは外で脱いでから中に入る、これくらいは徹底したいものです。

なお、マナーも、その理由がわかれば、間違えませんよね。

なぜコートや帽子は外で脱いでから入るべきなのか、その意味も把握しておきましょうね。

コートには、外気に含まれるホコリや花粉などが付着していると考えられています。ですから、コートを着たまま入室するのは、外気の汚れを持ち込むことになる、と考えられているのです。

そのため、室内をきれいに保つ、という相手への配慮を込めて、**外で脱いで、たたんで持って入るのが基本マナー**とされています。

なお、**コートは、部屋に通されてからはたたんで自分のカバンの上に置きましょう。**

こちらが営業で行く場合には、ハンガーを借りたり、コートかけにかけたりはしないものです。**先方からすすめられても、**「**忘れるといけませんので**」**と言って遠慮し、手元に置きます。**

訪問するときの成功マナー

1 コート類は外で脱いで、たたんで持って入る

マフラーはコートの上にかけ、手袋などはしまう。帽子も脱ぐ
コートは中表にするのが基本

2 室内では、コートはカバンの上に置く

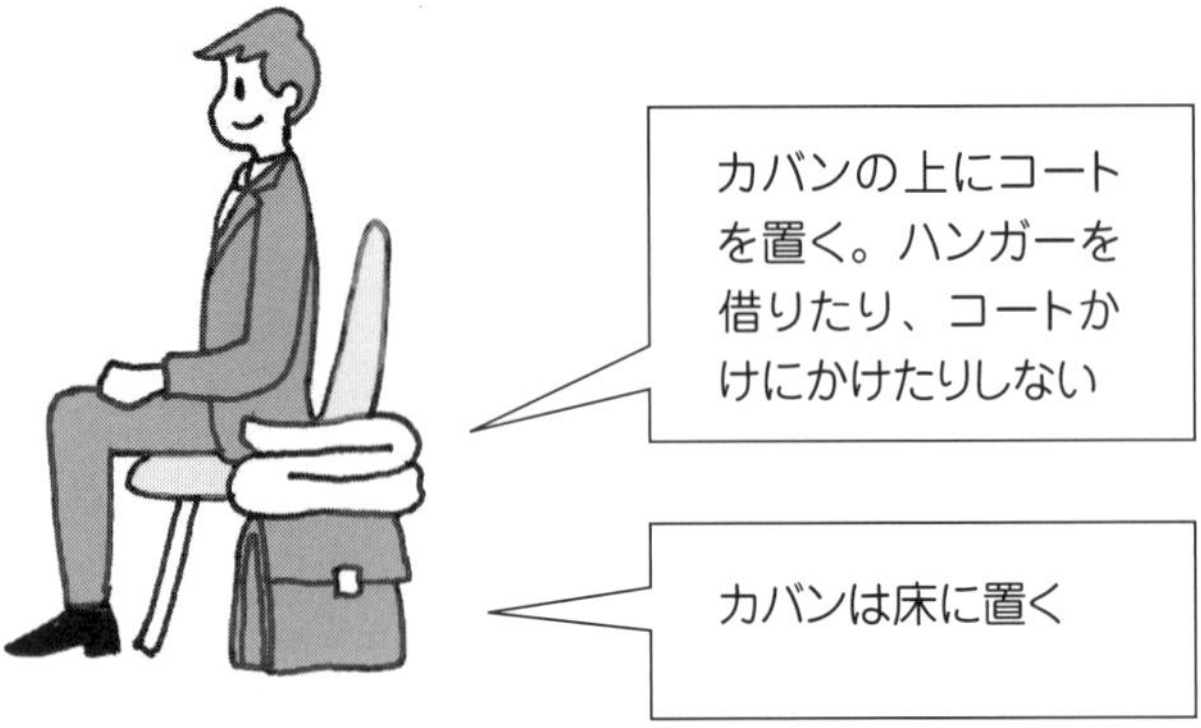
カバンの上にコートを置く。ハンガーを借りたり、コートかけにかけたりしない
カバンは床に置く

LESSON

コートは外で脱いで、たたんで自分のカバンの上に置くもの

何時に着くのがベスト？　時間に関するマナー

アポイントが取れると、これからの展開を考えてワクワクしますね。

でも、せっかく取れたアポイントも、信頼関係を築ける、有効で確実な面談があって初めて実りあるものとなります。

では、実りある面談にするには、どうすればいいのでしょうか？

ひとつのポイントは、**時間**です。

何時に到着するか？

これは、企業を訪問するのか、一般家庭を訪問するのかによって違ってきます。

まず、**企業の場合は、約束の10～15分前に到着する**ようにスケジュールを組みましょう。
実際、都市部では電車などの交通機関がトラブルで遅れるという事態はよく起こります。

「電車の故障で○分ほど遅れます」

先方にそう言いたい気持ちもわかりますし、実際自分が悪いわけではありませんが、先方の予定が立て込んでいて時間が後に延びることによって面談が取り消しになったりしては、元も子もありません。
たとえ電車などのトラブルがあったとしても間に合う時間に、セットして行動します。
何も起こらず10～15分前に到着したのであれば、そのまま訪問しましょう。

「○○様に、○時にお約束いただいた○○株式会社の○○○○と申します。少し早く着きましたが、待たせていただければと思います」

自分は時間管理がへたで遅刻の常習という人もいるでしょうし、大事なときに限って運の悪いことに、不慮の出来事も起こりがちです。

そのような人には、この方法をオススメしています。

約束の時間の30分前に到着する、と最初から決めておくのです。

そうしておけば、何かあったとしても間に合うでしょう。

そして、30分早めに着いてしまったのであれば、少し座れるところを見つけましょう。

私だったら、その待ち時間にすることは、次の3つです。

Point

①他の方へアポ取りの電話をかける
②「することはなかったか?」を確認し、「TO　DOリスト」に記入する
③今後のスケジュールを確認する

なお、私は講演者ですので、100%絶対に遅刻は許されません。

そこで、約束した時間の1時間前には会場に到着しているように、最初からスケジューリングしておきます。

1時間前にセットしておけば、台風や雪、雷雨など、実際、何かあったとしても、遅れることは考えにくいのです。

LESSON
少なくとも、約束した時間の10〜15分前には到着する

一般家庭を訪問する時間はどうする？

一般家庭を訪問する場合は、企業とはまた事情が違ってきます。

家にいる人は、約束の時間ぎりぎりまで、準備や片付けをしていることが多いからです。

時間より早く訪問者がやってくると、かなりあわてふためきます。

「え〜!?　これからあと10分で片付けようと思っていたのに〜！」

そこで一番よい方法は、やはり**約束時間の10〜15分前に到着**できるようにスケジュールを組み、実際には**少し前に到着しておき、その上で上手に時間をつぶし、約束の時間ぴったりにチャイムを鳴らす**、ということです。

なかなかそうはいかない、自分の時間も大切だし、相手もすでに待っているかもしれない、だから早く訪問したい、という場合にはこうしましょう。

10～15分前に、いったん電話を入れ、相手の意向を尋ねてみるのです。

「お約束のお時間は○時ですが、少し早く到着してしまいました。今からおうかがいしてもよろしいでしょうか？それとも、○時におうかがいいたしましょうか？」

これなら相手に嫌がられず、時間を大事にすることができます。

LESSON

一般家庭は早く着くと迷惑なことも！
10～15分前に余裕をもって到着して、時間ピッタリにチャイムを鳴らすこと

ピンチ！　アポの時間に遅れそうな場合は？

日頃から気をつけてはいても、またどんなに頑張っても時間に遅れそうだと気づいて、あせる事態が起こることはあります。

まず基本は、次の2点を連絡することです。

Point!

①約束の時間に遅れそうであること

②◯分ほど遅れること

これが最低限のマナーです。

しかし、先方にも都合があります。

やむを得ない理由で遅れるのは仕方ないし、許すけれども、待っている時間に他の仕事をすませるなど有効に活用したい、と考えるビジネスパーソンも多いものです。

相手の立場に立って考えてみると、遅れるなら遅れるで、直前ではなく、一刻も早く知らせてほしい、というのがあります。

ですから、時間の見通しが立ち、これは約束時間に到着しそうにないと**わかった時点で、たとえそれが1時間前だったとしても、お詫びの言葉とともにまず先方に伝えて、判断を仰ぎましょう。**

それが忙しい人たちへの配慮、というものです。

くどくどと理由を言い、遅れることを理解してもらおうとする姿は見苦しいものがあります。

先方にとっては、そのどうにもならない理由を聞いている時間すら惜しいとイライラする場合もあるからです。

シンプルに、このように伝えましょう。

「○○様、○時のお約束でしたが、申し訳ございません。
スケジュールが少しずれこんでおりまして、
そちらに到着するのが○時○分になりそうなのですが、大丈夫でしょうか？」

また、大幅に遅れそうな場合は、1回だけでなく、**現況をお知らせする**意味でも、

「今ようやく××に着きました。あと○分で到着するかと思います」

など、2回目の電話を入れるのも悪くありません。

要するに、どれだけ相手の時間を重んじ、配慮できるか、ということです。

LESSON

「相手の時間を大切にしている」という印象を与えよう！

ビルの1階でするべき行動3か条

時々、こんな光景を目にします。

何度も電話をかけ、Xさんに、ようやく取れたアポ。

待ちに待ったその日！

前もって場所を確認し、時間に遅れることなく、きちんと到着し、受付に挨拶。

そして、会議室に通され……。

いよいよ、まもなくXさんとの面会。

さぁ、これで商談が進めば、ビッグなチャンス、と期待に胸をふくらませて、待つこと数分。

ところが、Xさんが入ってきてから、いざ立ち上がって名刺交換しようとすると、緊張のあまりか、「あれ？　名刺入れ、どこにしまったかな？」と、カバンをゴソゴソ。

あせればあせるほど見つからず……、あれを出したり、これを出したり。

結局、しばらくしてから名刺入れはカバンの底から出てきたものの、なんだかしょっぱなから醜態をさらしてしまったようで恥ずかしくなり、ただでさえ緊張しているのに、その後のプレゼンで、なおさら実力を発揮できなくなってしまう……。


あなたにそんな経験がなければ幸いです。

私は新人のころ、そんなことがありました。

初めての目上の方にお会いする、以前から一生懸命アポを取ろうとしていた相手にようやく面会できる、そういった場では、どんな人でも緊張感が走ります。

そのせいで、落ち着いた行動ができなくなるものです。

そこで私は、**どんなときでも120％実力を発揮できる自分でいるために、事前に準備しておく**ことにしました。

名刺交換は、初対面の印象を決める重要な場です。

前述のようなことがないように、私はビルの1階に到着したら、次の3つの行動をすることを習慣にしました。


Point!

①コートを脱いで、たたんで持つ
②カバンから名刺入れを出す
③名刺入れ（のポケット部分）から名刺を3枚取り出し、名刺入れに軽くはさみ、すぐに出して渡せるように準備する

その後、エレベーターのボタンを押し、中に入ります。

ビルの1階でこのような行動をするのには、理由があります。

到着階に着いてからでは遅いのです。

なぜなら、エレベーターが開くと、いきなりそこに受付があり、受付担当者がこちらを向いてニッコリ座っているかもしれないからです。

そこであわてて、①～③をするのはいただけないですよね。

エレベーターを降りたら、そこはもうお客様のテリトリーです。

ビルの1階に着いたら、自分の行動は見られている、と思いましょう。


名刺を3枚出し、名刺入れに軽くはさんでおくのにも理由があります。

先方が1名と思って1枚だけはさんでおくと、他の方もいっしょに来て、そこであわてて名刺入れから足りない分の名刺を不器用に取り出すのも、みっともないものです。

相手が数名でも速やかに行動できるように、3枚はさんで、名刺入れからすぐ出せるようにしておくのを習慣にしましょう。

これだけで自分の安心感が違い、余裕が生まれて、信頼を獲得できる初回面談ができるようになるのです。

LESSON

ビルの1階から見られているつもりで

あなたは見られています！①訪問先での振る舞い方

先方に到着したら、「何をどう言うか？」「どう行動するか？」ということより、先に意識したいことがあります。

それは、**先方の会社の従業員の方々すべてに敬意をもって接する**ことです。

まずは間違った考え方をあげておきましょう。

「私は社長の○○さんにアポを取ったんだ。
だから、○○さん以外の人に対しては、別にへりくだる必要はない」

企業を訪問すると、警備の人から受付、新入社員と思われるかなり若い人から、お茶を出してくれる人まで、いろいろな人に接します。

企業のトップというものは、従業員を大切にし、愛情を持っていることが多いのです。あなたが自社の従業員を大切に考え、敬意をもって接しているのか、そうでないのかは一目でわかります。

権限のある役職者に対してだけ丁重に振る舞い、そうでない人にはおざなり、という態度は見苦しいものです。

その企業や面談者に対する思い入れを、そこで働く従業員に対しても表現しましょう。

また、実際、**社内の口コミ**も馬鹿になりません。

「あの人、社長にはニコニコ、ペコペコしてたけど、私たちにはえらそうに、ぞんざいな態度だったわよね。二面性がある人？　信用できない」

こういう悪い評判はすぐに広がります。

逆に、

「あの人は、案内した私にもお礼を言ってくれたし、すべての人に対して丁寧で、親切。

態度がいいわ。何かあったら、協力してあげよう」

と思ってもらえるようでないとなりません。

また、男性には敬意を払うのに、女性は軽視する、という姿は今でも見かけるものですが、これはもってのほかです。

大学卒業後、生命保険の営業で企業（銀行）を訪問していた私に対し、女性行員たちがこのように言ったことがあります。

「吉野さんから、保険に入るわ。

だって、うちの銀行にはたくさんの生保レディーが来るけれども、

どの人もみんな、女の私たちには見向きもしないの。

男の人にばかりアプローチするのよ」

社内の人たちは、外部の人が訪問した場合、どれだけ自分に対し敬意を払ってくれるのかをきちんと見ている、といういい例です。

また、こんなこともありました。

私は、男女、役職の有無、パートか派遣社員か正社員か、ということの区別なく、すべての人に対し、同じように上質な対応をしてきました。

すると、あるとき、これによって大きなチャンスをつかむことができたのです。

ある銀行で突然、大きな人事の変革がありました。組織変更や異動、希望退職者を募るなど、たくさんの人が動くことになりました。

その情報は当然、社内の人にはすぐに通知されますが、外部から来ている営業の私たちが耳にするには時間がかかるはずでした。

ところが、常日頃から親しくしていた一般社員（役職、決裁権などを持たない社員、という意味）が、私にそれを教えてくれたのです。

「吉野さん、知っておくといいわよ。

ニュースなどで知っているとは思うけど、今度、うち、変革があって、〜〜〜になることになったのよ。

だから、〇〇のセクションでは動きがあるかもよ」

それは当たり障りのない情報でしたが、営業の私にとっては重要でした。

すぐに私は動きのありそうなセクションに、アポ取りの電話を開始することができたのです。

私が必要なすべてのところにアポ取りの電話を終えたころに、他の生命保険会社の人たちも同じ情報を手に入れたようでした。

そしてこう言ったのでした。

「どの人に電話をしても、すでに吉野さんがアプローチしていた。どうして吉野さんだけ、こんなに情報が早いの⁉」

それは、立場や役職などにかかわらず、訪問先の企業に勤める**従業員全員に敬意をもって丁寧にコミュニケーションを重ねていた結果**でした。

約束を取り付けた人にだけ、トップにだけでなく、**その企業に勤める人みんなを大切にする、そんな気持ちがなければ、営業の仕事では成功できません。**

LESSON
客先の社員を味方につけなければ成功はありえない！

あなたは見られています！②受付編

最近では、受付に内線電話が設置してあり、到着したら自分で担当部署に電話をかけて呼び出す会社も増えました。

社内の人というものは、誰がどんな話し方をしていたのか、その印象をよく記憶しているものです。ですから、**出会いは、この担当部署に電話をかけるその瞬間から始まっているると言えるのです。**

あなたからの電話を取り次いでくれた社内の人たちは、アポを取った相手に、あなたの印象も同時に伝えることがあります。

「○○社の○○さんがお見えですよ。

なんか、とってもハキハキした素敵なお声でした。

印象いいですね、この方！」

と言うのか、

「ちょっと暗くて低い声で、よく聞こえませんでした。

ボソボソ陰気な感じの方みたいです」

と伝えるのかでは、あなたの評価がまるで違ってきてしまいます。

アポ取りの電話でも、この受付に置いてある電話でも、同じようにイキイキした、明るく聡明な印象を与えるように努力しましょう。

よく、自分の会社名と名前だけ言う人がいます。

「○○株式会社の○○○○です。
○○さんをお願いします」

しかし、これでは、せっかくアポを取ったのですから、もったいないですね。

アポが取ってあるなら、それも明確に伝えましょう。

「○○部の○○様に、○時のお約束で参りました、
○○株式会社○○○○と申します」

LESSON

内線電話の第一声から、勝負は始まっている！

あなたは見られています！③会議室・応接室編

案内してくださった人の後について、会議室や応接室に入ります。

入室するときは、**立ち止まって、「失礼いたします」と言ってから入ります。**

どこに座ったらいいのか、戸惑うこともあるかと思います。

3つの方法があります。

①すすめられた場所に座る

こちらが来客者の場合、社内の方は上座をすすめてくるでしょう。そこに座って待つ、ということです。

すでに取引がある、双方対等にメリットがある立場である、という場合にはこれでいいでしょう。

②いったん下座に座って待つ

いくら相手から上座をすすめられても、初めての訪問で、いきなり上座に座って待つのも気が引ける場合があります。

そのような場合には、「いえ、こちら（下座）で……」などとやんわり断り、いったん下座に座って待ちます。

そして、面談の相手が来て、あらためて上座をすすめられてから、上座に座り直す、ということになります。

③まずは立ったまま待つ

面談の相手が来て、すすめられてから初めて座ります。**これがもっとも丁寧な対応となります。**

初めての面談であり、**こちらが営業で先方が目上なのであれば、この③をオススメしま**

面談する相手を待つときの成功マナー

名刺入れと資料をテーブルの上に出しておく
相手が来たら、すぐ立ち上がって挨拶する（ただし、立って待っているのが一番丁寧）
名刺は３枚、名刺入れにはさんでおく
背もたれにはよりかからず背骨を伸ばして待つ
コートはたたんで、カバンの上に置く
出されたお茶は、面談者が来るまで飲まない
カバンは床に置く。間違っても、テーブルやいすに置かない

す。

立って待つ場合、カバンは床に置いてかまいません。

以前、私の社に来られた人材系の会社の営業スタッフは③でした。

すっきりと立って私の入室を待っていらっしゃった姿にはすがすがしいものがあり、好印象を持ったものです。

なお、座って待つ場合には、相手が来たら、**すぐに立ち上がって挨拶**します。

カバンやコートの置き場所にも気をつけましょう。

カバンは床に置きます。間違っても、いすやテーブルの上には置きません。

コートはたたんで、カバンの上に置きます。

営業で行くのであれば、たとえすすめられても、先方の応接室にあるコートかけやハンガーにかけるのは遠慮しましょう。

名刺入れと最初に出す資料を整え、テーブルの上に出して、相手が来るのを待ちます。

お茶などを出していただいた場合には、**面談者が来るまで飲まない**のが一般的なマナーです。

基本的な上座、下座の位置を頭に入れておくと、行動の基準になります。86～87ページの図を参考にしてください。

LESSON

上座・下座をわきまえて好印象を与えよう

あなたは見られています！④名刺交換

私は、人を判断するときによく「一事が万事」という言葉を思い出します。小さな出来事が全体を象徴している、という意味です。

ですから、基本的な行動も気をつけてきちんと行っていきたいものです。

特に名刺交換は、営業スタッフとして、お客様との最初のやり取りとなる瞬間ですから、**スマートに、好感度高く、そして印象深く行いたい**ものです。

その際、４つの自信が必要である、といわれています。

会議室 A

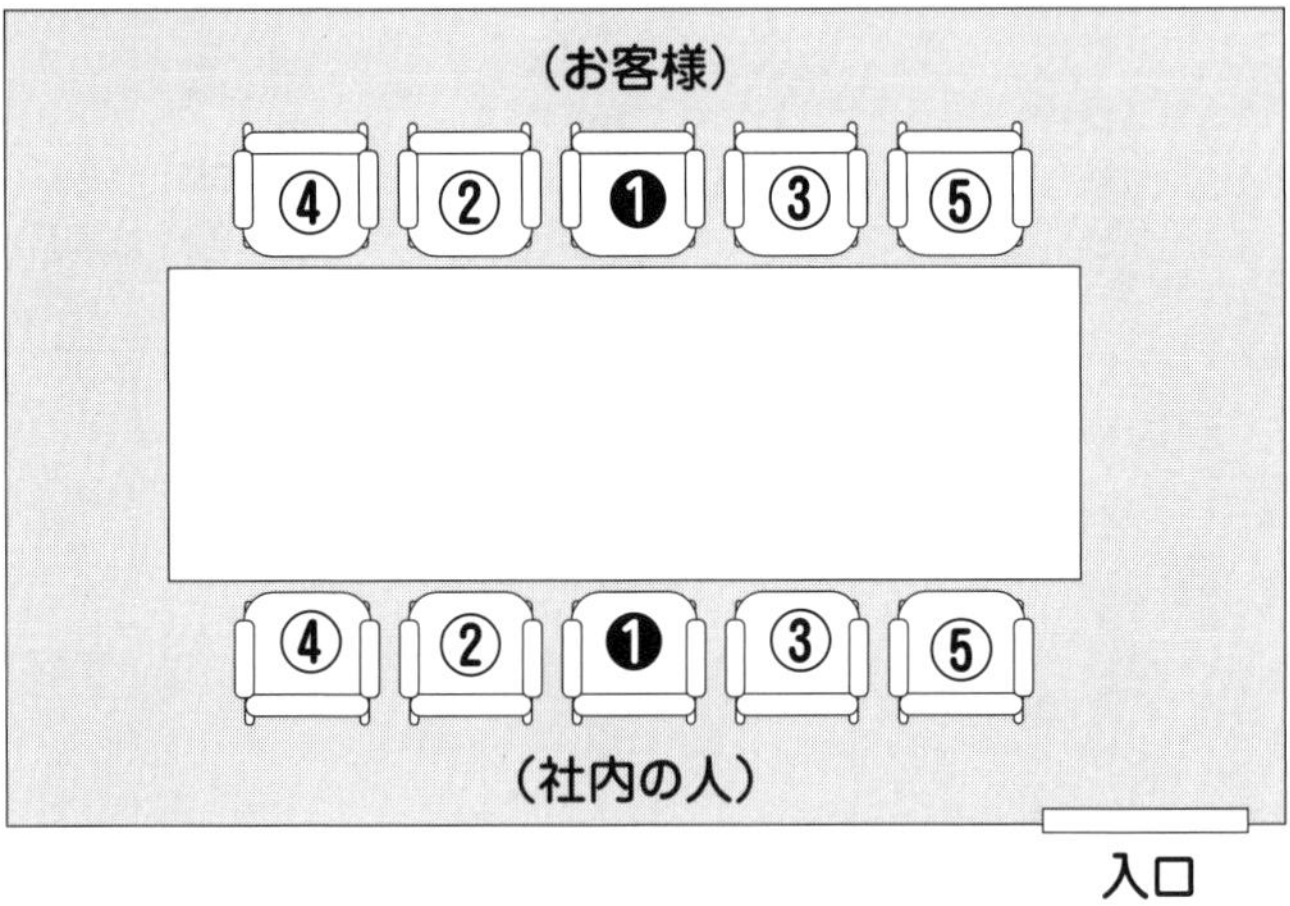
（お客様）
④ ② ❶ ③ ⑤
④ ② ❶ ③ ⑤
（社内の人）
入口

会議室 B

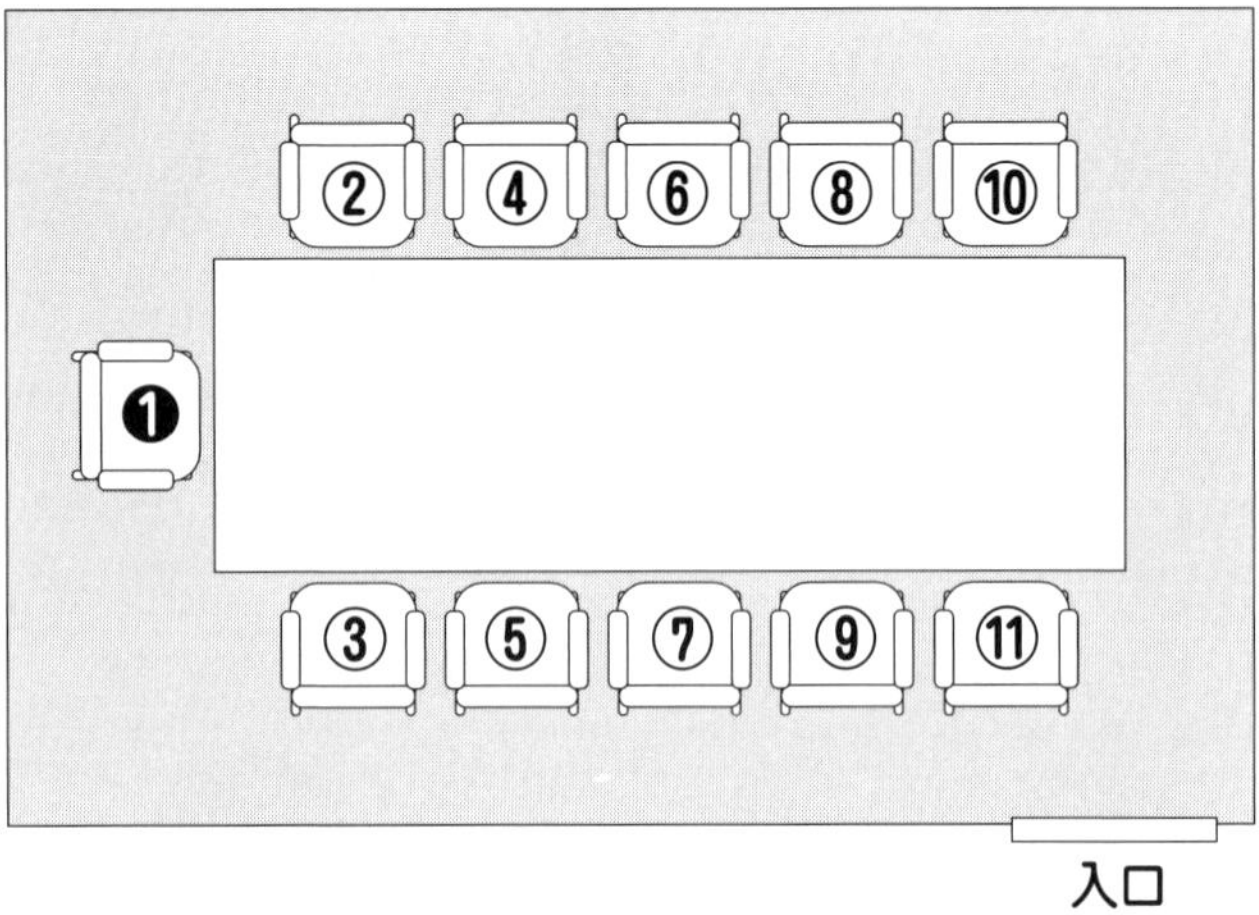
② ④ ⑥ ⑧ ⑩
❶
③ ⑤ ⑦ ⑨ ⑪
入口

「上座」「下座」の位置を押さえよう

どこが「上座」かを決める基本ルール

①入口から遠い席

②絵、水槽、掛け軸などがある場合は、それを正面から見ることのできる席

③長いす・ソファがお客様用、ひじかけいすが社内の人用

応接室

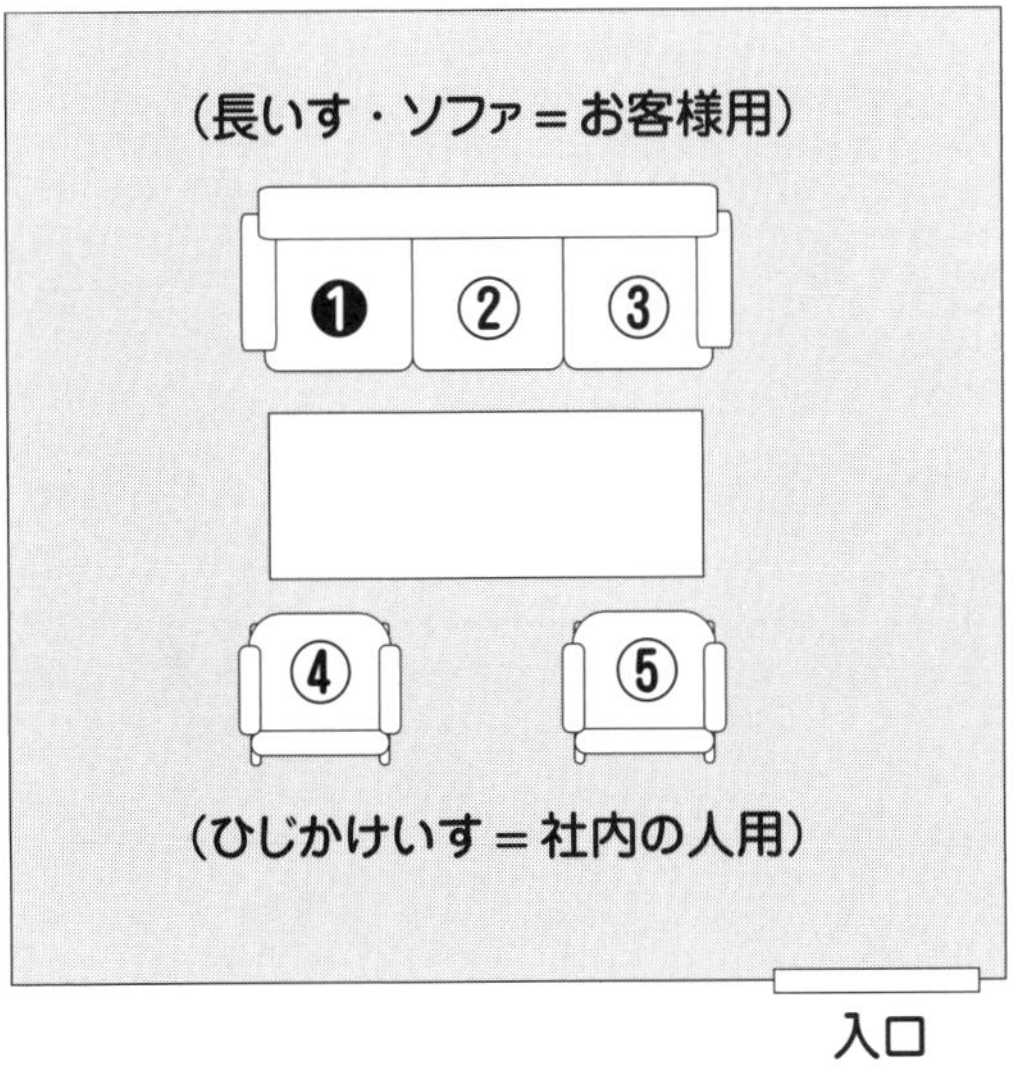

Point!

①自分に対する自信　③会社に対する自信
②職業に対する自信　④商品に対する自信

この4つの自信を一瞬の名刺交換に凝縮して表す、と言っても過言ではありません。名刺交換をないがしろにする人は、その他の仕事のプロセスもそうであるようなイメージを与えてしまいます。

具体的には90~91ページの「名刺交換・7つの成功マナー」を頭に入れておきましょう。

なお、自分のことは**「わたくし」と名乗り、フルネームを言いましょう。**男性も同様です。

「はじめまして。わたくし、○○株式会社で○○を担当しております、○○××と申します。
どうぞよろしくお願いいたします」

LESSON

「4つの自信」と「7つの成功マナー」で完璧な名刺交換を!

名刺交換で絶対やってはいけない4つのタブー

×机をはさんで名刺交換する

テーブル越しに名刺交換するのは、ぞんざいな印象を与えてしまいます。

自分から相手に歩み寄り、机、テーブルをはさまず、**直接向かい合って名刺交換**します。

×ごそごそ名刺入れを探す

速やかに名刺入れを出し、スマートにお渡ししたいものです。

「あれっ、どこいったかなぁ」などとカバンの中を引っかきまわし、余計なものといっし

5 受け取った名刺は、名刺入れの上に載せ、胸の位置で持つ。

6 着席後は、名刺入れの上に相手の名刺を載せ、右側に置く。

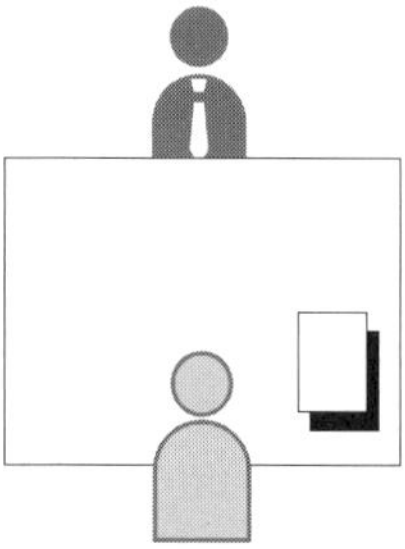

7 複数の名刺がある場合には、役職が一番上の人の名刺を名刺入れに載せる。
その他の名刺は、誰がどの名前かわかるように、座った席順に並べておく。

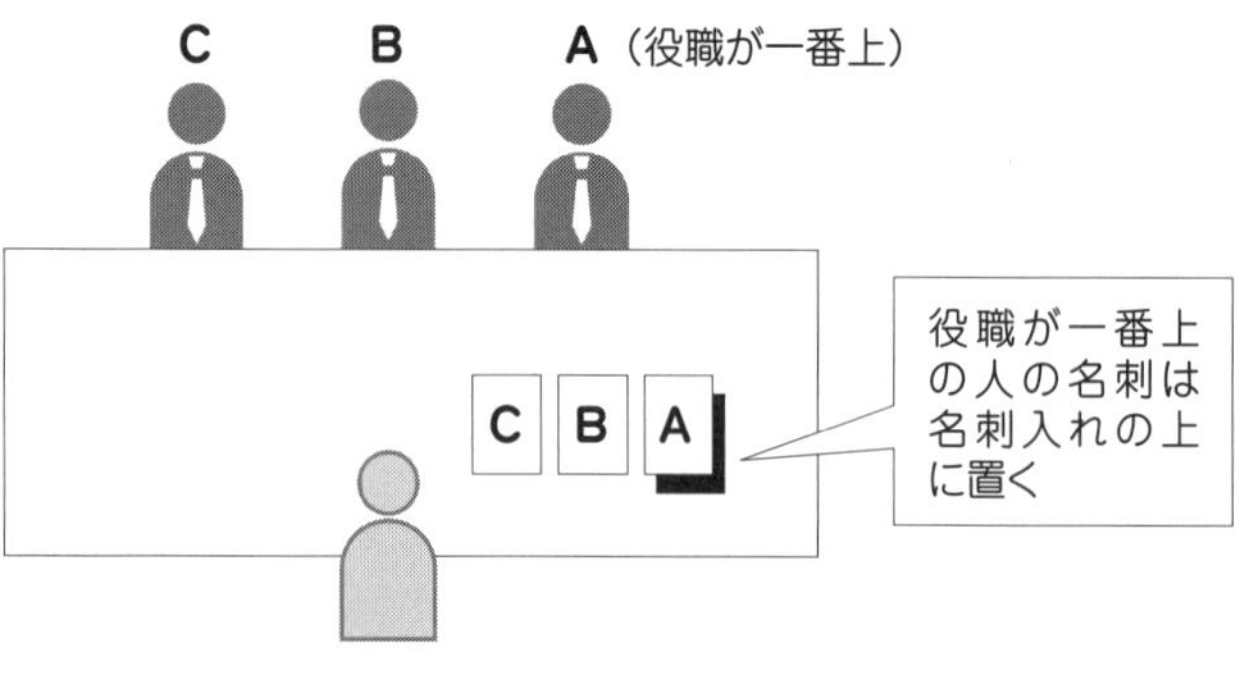

名刺交換・7つの成功マナー

1 訪問者が先に名刺を出し、挨拶する。
相手が複数の場合は、上司から先に名刺交換する。

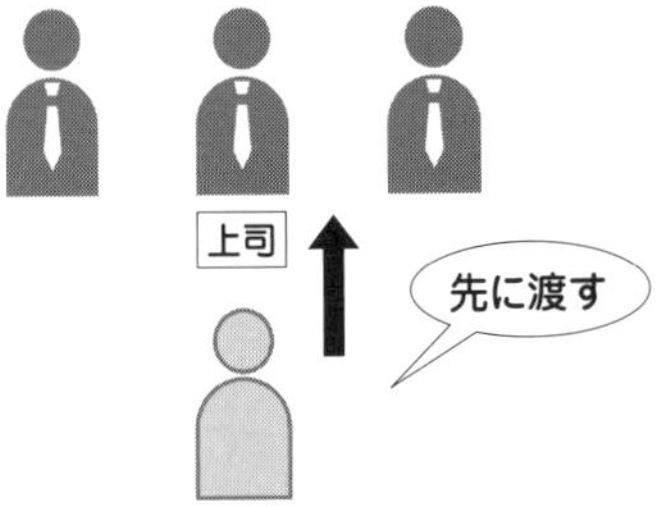
上司
先に渡す

※こちらが複数名の場合には、こちらの上司から先に名刺交換する。

2 渡すときはきちんと相手の目を見る。

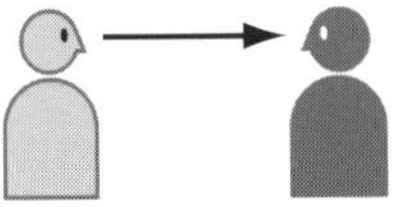

3 会社名、部署名、名前（フルネーム）を名乗る。

4 両手で渡し、両手で受け取る。

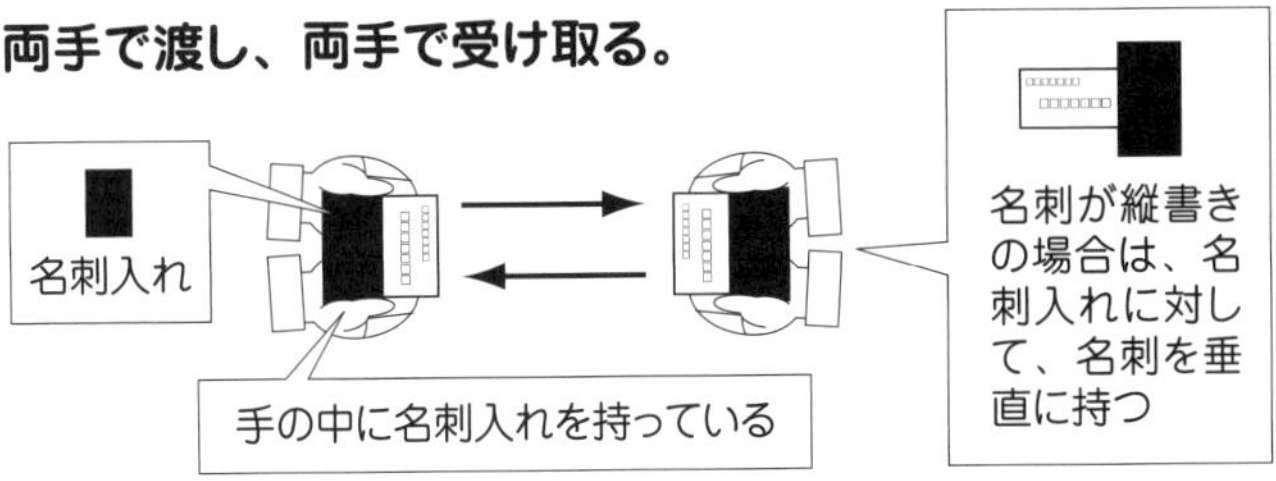
名刺入れ
手の中に名刺入れを持っている
名刺が縦書きの場合は、名刺入れに対して、名刺を垂直に持つ

ょにようやく名刺入れが出てくるようでは、整理整頓ができないルーズな人に見られてしまいます。

男性は胸のポケットから、女性はバッグから出すのが基本です。

ただし、女性の場合、バッグの中にいろいろなものが詰まっていて……という場合もあることでしょう。外側にポケットや小物スペースがついているバッグを使用し、名刺はそこから出しましょう。そうすると、バッグの中身をすべて見せてしまうことがありません。

×名刺を定期入れや財布から出す

名刺を定期入れや財布から出す人を時々見かけますが、これはやめましょう。**革製などの上質な名刺入れから出します。**

こんなささいなところからも、こちらがどの程度の人間か、相手は敏感に評価するものです。

×しわ、汚れた名刺を渡す

さんざん探したあげくに、名刺入れではないところから、汚れ、角が落ち、シワやシミのついた名刺をようやく出してくる人がいます。おまけに、名刺の紙の色もあせていたりします。

「一事が万事」という言葉を思い出しましょう。これでは、**だらしない無頓着な人と思われても仕方ありません。**

まっさらなきれいな名刺を出しましょう。傷んだ名刺を見つけたら、すぐに処分して、人前で出さないようにしましょう。

LESSON

一事が万事！
美しい名刺をスマートに手渡そう

名刺交換で失敗したときのスーパー対処術

ピンチ！ 名刺を忘れた！ もしくは切らしていたら？

営業としては、常に十分な量の名刺を、名刺入れの中に入れておくべきです。

まずは40枚ほどあれば、セミナーやパーティーなどに参加して多くの人に会ったとしても足りるでしょう。私は、カバンに予備に名刺を1箱入れておくこともあります。

さて、名刺を持っていくのを忘れた、切らしてしまっていた、などという基本的なミスをおかしてしまったら、どうしましょう？

時間を巻き戻すことはできませんので、失敗を修復する方法も頭に入れておきましょう。

「申し訳ございません。あいにく、名刺を切らしておりまして、後日、お送りさせていただきます」

こう言って、3日以内に簡単な挨拶文をつけて、名刺そのものを送ります。

ピンチ！ しまった！ 相手から先に名刺を出されてしまったら？

営業である以上、**名刺交換は自分から先にするもの**、と覚えておいてくださいね。

しかし、それでもタイミングによっては相手が先に出して挨拶してくださった、ということも起こってきてしまいます。

このように言って、速やかに自分も挨拶して渡しましょう。

「頂戴いたします（と言って受け取ります）。
申し遅れました。わたくし、○○株式会社で○○を担当しております、
○○××と申します。どうぞよろしくお願いいたします」

LESSON

たとえ失敗しても、
フォロー術を知っていれば怖くない！

これをするとすべてが水の泡に！　10の禁止事項

アポを取ったときの電話の印象がどれほどよくても、会ったときに、先方から「なあん

だ」とがっかりされてしまう人が時々います。

非言語表現といって、意識が行動に自然に出る、また、行動を見ればその人の意識がわかる、というのもありますが、実は無意識のうちにとっている行動や悪いクセが自分をマイナスに印象づけているとしたら……、考えただけで怖いですよね。

営業であれば、これはしないほうがいい、というクセを10ほどあげてみました。

仕事で成功したい人は、「これらの行動だけはしない」と決め、また、周囲の人にも協力してもらって、こうしたクセが出たらすぐに注意してもらうなどしてやめるようにしたいものです。


Point!

①人を指差す
②腕組みをする
③足を組む
④ペン回し（指先でペンをクルクル回す）
⑤貧乏ゆすり
⑥いすの背にもたれて、ふんぞりかえって座る

⑦**髪をかき上げる**
⑧**小さな声でぶつぶつ独り言を言う。チェッと、舌を打つ**
⑨**目を合わせない**
⑩**頻繁にまばたきをする**

なぜいけないのか、解説しておきましょう。

①人を指差す

人を指差すのがクセになっている人がいます。

私はある席で、目上の相手を指差しながら話す20代の女性を見たことがあります。驚きました。当然、彼女とその相手はビジネスでうまくいきませんでした。

手のひらが下を向いていても、上を向いていても、人を指差す姿は美しいものではなく、周囲の人がドキッとするくらいです。

もし、どうしても指したいのであれば、人差し指は使わず、**手のひらを上にして、5本の指先をそろえた状態で、**

「そちら様はいかがでしょうか？」

「○○様はいかがですか？」

などと言うようにすると、上品にできます。

②腕組みをする

腕組みをするのがクセになっている人がいます。

私が講演するとき、ふと目をやると、このようなポーズを取っている人が特に中年の男性に多く見られます。

別にふてくされているわけではないのに、なぜか**不機嫌そうに見える**のがこのポーズです。私は慣れているので、このような人がいても平気で講演を行いますが、話し慣れていない人だったら、きっと萎縮して言いたいことも言えなくなってしまうでしょう。

腕組みは、意識してやめたほうがいいでしょう。

なぜなら、**この行動は「拒絶」を意味する**からです。「相手を受け入れないぞ！」という意識の表れと取られることも多いものです。

③足を組む

同僚や親しい人を前にしているときに足を組むのは問題ないかと思います。しかし、初対面や目上の人の前、また面接時にこのポーズはいただけません。かしこまった印象とは逆に、**ふてぶてしさを感じさせる**行動です。

女性が頻繁に足を組みかえると、相手を誘惑していると勘違いされる場合もあると聞いたこともあります。股関節のずれをまねき、健康にもよくないようなのでやめておきましょう。

④ペン回し

これが受験勉強をするうちにクセになってしまった人も多いかもしれませんね。

これは落ち着きがなく、目の前のことに**集中していない感じを与えてしまいます**。人前ですることではないですよね。したい人は家で一人でどうぞ。

⑤貧乏ゆすり

貧乏ゆすりは、日本人独特のものと感じます。アメリカに住んでいるときには、これをする人を見かけたことがありませんでした。

あの小刻みに速く動かすところなど、時々驚くほど巧みな人もいますよね。金額を値切っているときや、空港で飛行機が遅れるとアナウンスがあったとき、また、電話で契約が流れると知ったときなどに、これをしている人をよく目にします。

いずれにせよ、人に与える印象がよくありません。**「私はイライラしています」という非言語表現**です。している人がいたら、周りの人が教えてあげるといいですね。

⑥いすの背にもたれて、ふんぞりかえって座る

いすにふんぞりかえって座るというのも、職業によっては問題ないかもしれませんが、営業でこれをするとよい仕事はできません。

私にはある統計があります。営業のマネジャーだった時代、毎月、営業スタッフを集めてミーティングと講義を行っていました。そのとき、面白いことに気づいたのです。数十名いる人間のうち、そのほとんどが前のめりになって私の話を聞いているのに対し、ある1名だけはずっといすの背に背中をつけてそっくりかえって聞いているのです。そして、その人は3ヶ月以内に、いろいろな理由をつけてやめていきました。

そういった例を私は何人も見てきました。

つまり、**前のめりは「興味があって一生懸命」**、ふんぞりかえっているのは**「あなたの話には興味がありませんよ」「私とは関係がなさそうなので、実はあまり聞く気がしません」という非言語表現**なのではないでしょうか。

相手にそういう印象を与えたくなかったら、こういう姿勢はやめるべきです。

⑦髪をかき上げる

髪をかき上げるのは、女性によくあるしぐさではありますが、人は今の状態に不安を感じたり、真実ではないことを言ったりするときに髪をさわりたくなるそうです。

髪をかき上げる、もしくはさわることで**不安な感情を露呈してしまう**ことになります。**獲得すべきは信頼感、安心感**です。意味なく髪をさわるのをやめ、また、かき上げなくてもすむ髪型にしておきましょう。

⑧小さな声でぶつぶつ独り言を言う、チェッと舌を打つ

小さな声でぶつぶつ独り言を言う、ときにチェッと舌を打つ、これらも無意識からくる

ものなのでしょうか。**不機嫌そうに見え**、さらに、「これまで誰も指摘してくれなかったのか？」と、**育ちそのものが悪いのではないか、と思われてしまいます。**

自分のプレゼンをビデオに撮影して、自分で見てみるのもいいでしょう。

意外と自分のことは客観視できないのが人間ですから。

⑨目を合わせない

これこそ、究極のアピール力のなさにつながることでしょう。

営業の仕事とは、人に影響を与え、人を動かし、行動にかりたてる仕事です。「どんな人でも成功できる。誰でもやらせてみないとわからないから、来た人は全員採用する」と言っていたマネジャーがいましたが、その人も最低条件は「人と目を合わせて話ができることだ」と言っていました。

今は、パワーポイントや資料など、ビジュアルも使ってプレゼンすることが多くなりましたが、その場合にも、**目線は9割がお客様、1割がパワーポイントや資料**などです。**相手の目を見れば見るほど影響力が増し、人を動かすプレゼンができる**のです。

⑩頻繁にまばたきをする

たくさんの営業スタッフのプレゼンやロールプレーを見てきましたが、たった1人、商品のよさを理解し、「その商品が大好き!」というにもかかわらず、全然売れない人がいました。

「なぜだろう?」と思い、その人にプレゼンをしてもらいました。

すると、あることに気づいたのです。明らかに人の倍ほどまばたきの回数が多いのです。

まばたきが多いと、**自信がなさそうに見えます**し、へたをすると**ウソをついているようにすら見えます**。アメリカの大統領選挙では、スピーチのときにまばたきが多いほうが落選する、と聞いたことがあります。そのため、スタッフが1分間に何回まばたきをしているかを数え、それを意識的に減らす練習まで本人にさせるそうです。まばたきの回数は、それほどまでにプレゼンのパワーに影響を与えます。

また、人は集中したり、本当に一生懸命になり無の境地に至ると、まばたきが減るものです。あえてまばたきの回数にこだわるより、プレゼンへの集中力を高めるよう意識してみてはいかがでしょうか。

LESSON

何気ないクセで損していないか?
あらためてチェックしてみよう!

必ず〝宿題〟をもらってから帰ろう!

初回面談で、相手のニーズをつかみ、こちらからもよいご提案ができれば一歩前進。でも、まだまだ油断はできません。初回面談で失敗するよりはましですが、その成功だけでは、実際の契約までは、まだはるかに遠い道のりです。

いかにして次の面談を取り付けるべく、1回目の面談を引っぱれるかが、営業の腕の見せどころです。

そのためにするべきことは2つあります。

Point!

①お客様から宿題をもらうこと
②次にお会いする日時を決定してしまうこと

宿題とは、お客様の課題解決や願望実現に対して、自社がどのようにお手伝いできるのか、社に戻って提案書を作る、という意味です。

「御社がますますご発展される過程を、
○○の分野でぜひともお手伝いさせてくださいませ」

と言い、

「では、○○について、ご提案書を作ってまいります。
まずはどのようにお役に立てるのか、ご覧になってみてください！」

などと、次回、面会して提案する約束を取り付けます。

この**次回の提案の約束を取り付けることこそが**、**初回面談の最大の目的**です。

そもそも、なぜわざわざ会って相手のニーズを情報収集したのかといえば、後日、間違いのない提案をするためですし、また一度顔を合わせた時点できちんとしたプレゼンができていれば、2回目のアポは自然とその場でいただけるものです。

なお、次に会う日時は、こちらがリードして具体的に決めてしまうのがポイントです。

そのやり方については、次の項目で説明しましょう。

LESSON

お客様に会ったら、宿題をもらい、次に会う日時を決めてしまおう!

これを言うと後がない! 初回面談での禁句

安易に次のような言葉を使っている人も多いのではないでしょうか。

私は、**この言い方でお客様と別れては後がない**、と思っています。

「今日はありがとうございました。
では、またご連絡させていただきます」

つまり、初回面談でいったん別れ、「その後、また電話をさせていただきます」という意味です。

IT化が今ほどでもなく、人々に時間があった時代にはこれでよかったかもしれません。

しかし今は情報化が非常に進み、時間がない時代です。

「では、またご連絡させていただきます」と言った場合、どういう結果になるでしょうか？

想像してみてください。

プレゼンを受けたお客様は、その日のうちにインターネットで検索し、もっと情報収集をするでしょう。

また、時間がないため、後になってからいくら電話をかけても、打ち合わせ中や外出中などで直接話せない状態が続きがちです。

やっとつながったころには、

「あ～、あの件だったら、こちらでもいろいろ情報収集して、見積りなども取り寄せたから、もう来なくていいよ。

いろいろ検討して、必要だったら、こちらから電話しますから」

と言われるようなことになりかねません。

考えてみましょう。どちらがたやすいか？　ということを。

①1回の面談を生かし、相手のニーズを把握し、できる限りの情報提供をして、宿題をいただき、次回の面談日時を約束して別れる。

②1回の面談で、まずはそこそこに相手のニーズをさぐり、情報提供して別れる。後から電話して、「どのようにお役に立てるか」を言い、再度アポイントを取り付ける。

つまり、①は、お会いしてホットな状態で次の約束を取り付ける、ということ。②は、後から電話して相手が少し冷めた状態で次の約束を取り付ける、ということになります。

間違いなく、①がたやすく、②が困難です。

よって、私は**初回面談の目的は、宿題をもらって2回目の面談の日時を指定したアポイ**

ントを取り付けること、と考え、それを実践してきました。

2回目の面談に最適な日は、2日後です。

2日後がよいというのには、理由があります。

翌日であれば、自分に時間がなく、十分に準備ができないからです。

2日後であれば、余裕をもって取り組めますよね。

私は必ずこう言っていました。

「では○○様、
まずは〜〜についてご提案書を作ってきますので、ご覧になってみてください！
2日後の○月○日○曜日の○時頃は、いらっしゃいますか？」

こんなふうに、**自分のほうから「2日後の○月○日○曜日○時頃」と、具体的な日時を言うのがポイント**です。

「いつがよろしいですか？」と相手の都合を尋ねる人が多いのですが、こういう漠然とした聞き方をすると、相手に「いつがいいかな……」と考える余地を与えてしまい、その結果、「考えて、また、こちらから連絡しますよ」などと、体よく逃げられてしまいがちなのです。
しかし、**具体的に「いついつは、いらっしゃいますか？」と尋ねると、相手はつい「ああ、その時間なら、いますよ」と答えやすい**のです。これは人間の心理ですから、利用しない手はありません。

また、

「ご覧になってみてください！」

と言い切ることが大切です。

「ご覧になっていただけますかぁ～？」

では、相手がYESかNOかを考え、NOを選択する可能性が高まります。

いったん見てもらい、プレゼンさせてもらえれば、よさを伝え、気持ちを動かすこともできるというものです。

次回の面談日は最短2日、最長でも7日（つまり翌週の同じ曜日）です！

「後から電話します」という言葉で逃げずに、果敢に初回面談で次回のアポをもらうのがスマートかつ相手の時間も大切にするやり方です。

ひょっとすると、次回のアポを取り付けようとした瞬間、相手がのらりくらりと逃げに入るかもしれません。

でしたら、その人は残念ながら、あなたの扱う商品やサービスにそれほど魅力を感じていない、と自覚してください。

つまり、**「次回アポがいただけるかどうか？」ということは、「テストクロージング」**（相手の見込み密度を見極めること）**でもある、**ということです。

次回アポにチャレンジして、成功したら、おおいに見込み客であると判断し、その後も積極的にアプローチしていきましょう。

相手が次回アポを拒む場合には、その逆と考え、ほかに追いかけるべきお客様を見つけ、そちらに向かう、と考えることも必要です。

LESSON

最短2日、最長7日で次回アポをいただく！具体的な日時もその場で決めること

出会ってから72時間以内にするべきこと

アポイントを取って面談を果たす、もしくはパーティーやセミナー会場で出会うなど、人と人が顔を合わせるのが、以前に比べるととても贅沢な時代になりました。

メールや携帯電話など「会う」以外のコミュニケーション手段が多様化し、会わなくてもすむことが増えたのです。

そういった背景の中で、人と人が時間をさいて同じ場所に集うことがとても特別なものになった、ということです。

ですから、せっかくお会いできたのであれば、それを最大限に活かさなければなりません。

会った後の行動によって、1回の出会いが一生ものになることもあります。

出会った後、72時間以内に、必ず再度アクションを起こしましょう。

それには、「ソフトコミュニケーション」が有効です。

①ハードコミュニケーション……会って顔を合わせて行うコミュニケーション
②ソフトコミュニケーション……会わずに行うコミュニケーション

「会う」という形でのコミュニケーションが、もっとも強く人間同士の信頼関係を深めることができますが、いつでもできるわけではありません。

「会わずにできる」コミュニケーションには、会うほどの影響力はありませんが、「雨だれ、石をうがつ」という言葉があるように、**積み重なるとかなり大きな信頼関係を生み出す力**となります。


では、どんなソフトコミュニケーションが効果的でしょうか?

まず、**初めて会ってから72時間以内に、ハガキを出すかEメールを相手のパソコンに届**

2種類のコミュニケーション術を知っておこう

「ソフトコミュニケーション」とは?

↓

会わずにできるコミュニケーション

電話

PCメール

インターネット

仲間のサイト

携帯メール

ハガキ

「ハードコミュニケーション」とは?

↓

会って顔を会わせて話すコミュニケーション

会議・ミーティング・プレゼン

講演会・研修

会話・雑談・食事会

けておくのが、最適なソフトコミュニケーションの方法でしょう。

相手に感謝の気持ちを伝えるとともに、**自分の存在と、相手の役に立てることを思い出してもらう**（リマインドする）ことができます。また、自分はマメな人物である、あるいは礼儀正しく誠実な人物であるという印象を与えることができます。

これまで、私はこれをハガキで行い、ずいぶん成功体験をしてきました。

たとえば新人営業だった頃、ある金融関係の企業の責任者に初めてアポが取れて会うことができ、その後すぐお礼のハガキを送ったところ、おほめの言葉をもらい、仕事でおおいに味方になってもらえたこともありました。

「あなたはマメで一生懸命で偉いね。会ってからすぐに素敵なハガキが届いたので、びっくりしたよ」

などと言われ、その後、認められてほかのお客様までご紹介してもらえたのです。

また、面談し、交渉したものの、その後は電話をしてもお忙しくてなかなかお話しできない証券会社の部長にハガキを書いたところ、それが認められ、結果として契約をもらえたこともありました。

その方も、**ハガキを出すことのマメさ、律儀さを高く評価**してくださっていました。

今後もハガキは有効な営業ツールだと感じます。手紙よりもハガキがいいでしょう。開ける手間がなく、瞬時に目を通すことができるからです。

私は常に、ちょっと上品な絵や写真のついたハガキを用意していたものでした。

仕事で使うとはいえ、多少自分の趣味がにおうハガキであってかまいません。

インターネットの時代にあえてハガキを出すのですから、その**ハガキで自分の人間味を出すこともまた愛される要因になる**からです。

私は、地方や海外に行ったときなどにきれいな絵ハガキを買い集めたり、絵画展に行ってはそのハガキを購入し使用してきました。

私の一番のお気に入りは、ティファニーのステンドグラスの写真ハガキでした。これはニューヨークのメトロポリタン美術館を見学した際にたくさん購入し、後々まで長く楽しんで使うことができました。

売り込みの気持ちとは別に、相手にも少しでも美しいものを見て心豊かな時間を過ごしてもらえれば、という気持ちや配慮が自然に伝わったらしく、このハガキを送った相手からは、「素敵なハガキをどうもありがとう」などと返事をいただけることが多かったので

メリットとデメリットを押さえておこう

	ソフト コミュニケーション 	ハード コミュニケーション 
長所	●お金があまりかからない ●都合にいい時間にできる ●たくさんできる、何度でもできる ●続けやすい ●「マメな人」「心遣いのある人」というイメージを与えられる ●会わないので、ストレスが少ない	●信頼関係が深まりやすい ●効果的 ●深く、強い印象を与えられる
短所	●１回あたりのインパクトは比較的弱い ●何度も行うことが必要	●時間が限定される ●労力がかかる ●お金がかかる ●会えなければ、何もできない

ソフトコミュニケーションはここがスゴい！

1 「自分の存在」と「相手の役に立てること」を押しつけがましくなく、思い出させることができる

2 「マメで誠実な人物」だという印象を与えられる

↓

ソフトコミュニケーションを
充実させることで、
じわじわ「見込み」客へと
育てることができる！

↓

Point!

ただし、相手の
ライフスタイルやニーズと
タイミングが合うのを待つことが必要

す。こんなふうに、特定の宗教色のない範囲で、自分の人柄や趣味も少し伝えていくことは問題ありません。


また、文面はどのようなものがよいでしょうか？

文面は簡潔でかまいません。売り込みに終わらず、**相手の言葉に感銘を受けたことや、先方のよりよい未来や発展を祈る気持ちが込められていることが大切**です。

私は、１２０ページのような文面を書いて喜ばれました。


本当に忙しく、**全国もしくは世界を飛び回って活躍しているような有力者には、あえてEメールを選びます。**

というのも、Eメールであれば、**時空を超えて直接相手に届けることができる**からです。

ハガキを企業に送ると、それが届いた後に仕分けされ、その人のデスクに到着しても、本人が出張中などで、実際目にするのは数日後、場合によっては1週間以上先になるかもしれません。心を込めたメッセージとともにEメールを送るのを習慣にすることで、ビジネスがおおいに発展します。

○○株式会社　○○事業部
○長（役職名）　○○○○様

拝啓
先日は、～～の件でお時間をいただきまして、どうもありがとうございました。
○○様がおっしゃった「～～～」という言葉に、たいへん感銘を受けました。
私××はまだまだ勉強中の身でございますが、△△に向けて努力してまいりたいと思います。
今後とも、ご指導ご鞭撻のほど、どうぞよろしくお願い申し上げます。
○○様の、ますますのご活躍、ご発展に少しでもお役に立てましたら幸いです。
これからもどうぞよろしくお願いいたします。

敬具

××株式会社　××事業部
××担当　吉野真由美
〒000-000
東京都渋谷区△-△-△
電話 03-0000-0000　FAX 03-0000-0000

Eメールの場合も簡潔に書きます。

文を短くし、改行をしっかり加え、読みやすくします。

件名：○○○

abcdefghijklmn@123456.co.jp

○○株式会社
○○事業部
○長（役職名）　○○○○様

お世話になっております。
先日は、～～の件でお時間をいただきまして、
どうもありがとうございました。
～～について、ご提案書を作らせていただき、
○月○日○曜日の○時にお持ちいたしますので、
どうぞよろしくお願いいたします。
○○様の、ますますのご活躍、ご発展に
少しでもお役に立てましたら幸いです。
これからもどうぞよろしくお願いいたします。

××株式会社　××事業部
××担当　吉野真由美
〒000-0000
東京都渋谷区△-△-△
電話 03-0000-0000　FAX 03-0000-0000

コラム

マニュアルどおりは嫌われる⁉ 時代に合ったマナーで差をつけよう

教科書どおりにはいかないのが、現実の世界です。

特に、机の上で示されたマナーどおりに行動して、お客様に不自由な思いをさせる、あげくの果てに嫌われる、ということがあることも知っておいてくださいね。


マニュアル人間K君から、ある失敗談を聞きました。

「僕は、体育会系育ちなので、基本的に礼儀正しいんです。

また、目上の人や先輩を敬う気持ちも強いので、マナーの基本は本を読んですべて理解しているつもりでした。

特に、上座、下座、なんていうのは、接待のときにも重要ですからね。

でも、先日、教科書どおりの上座、下座にこだわって、
お客様に嫌な思いをさせてしまったんです……」

車に乗るときの席次は？

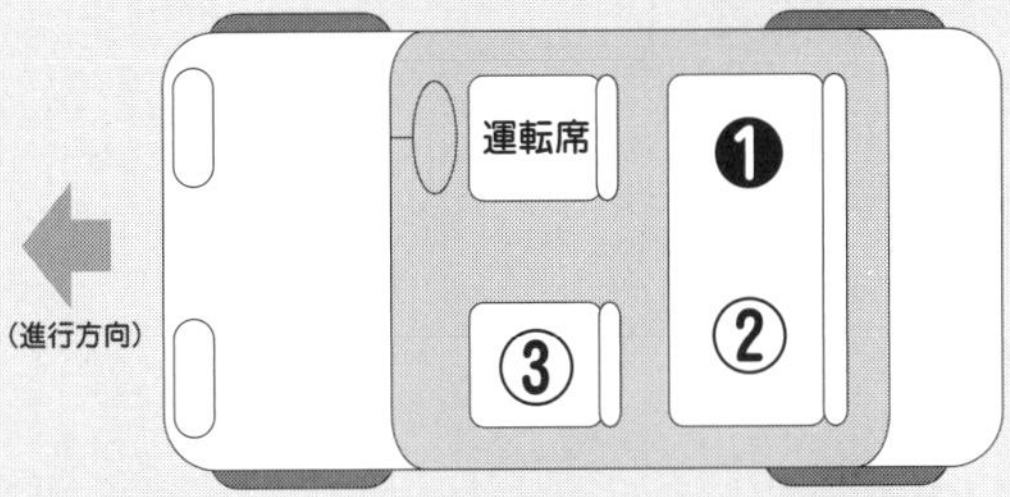

注！ ▶マニュアルにこだわらない！
▶②や③に座りたいお客様もいる

K君の話は、こうでした。

かなりがんばって営業活動した末に契約をいただいたお客様のUさんといっしょに、ランチをしたときのこと。

帰り道は、タクシーを拾うことになりました。

当然、K君の頭にあったのは、

「タクシーに乗る場合、どの席が上座で、目上の人に座ってもらうべきか？」

ということでした。

一般的には、上図のようにいわれています。

よって、K君はすかさず、「どうぞ、後ろの一番奥のお席へ！」と、Uさんに先にタクシーに乗るようにうながしました。

ところが、Uさんは、ちょっと困った顔をして「いやいや……、君が先に……」と、何度も躊躇《ちゅうちょ》されるのでした。

しかし、そこはマニュアル人間のK君のこと。

過去に読んだマナーの教科書どおり、何としても運転席のすぐ後ろに座ってもらわなければ気がすみません。

しばらくやり取りが続いた後に、Uさんはしかたなさそうに後部奥の席にお座りになったそうです。なぜか、車中で会話がはずまないのが気になったK君、後で私のところに電話で質問してきました。

「なぜ、上座に座っていただいたのに、不満そうだったのでしょうか？」

「それはね、K君……」

私は説明を始めました。

確かに、タクシーなど運転手がいる車に乗る場合、運転席のすぐ後ろがいわゆる上座、です。

いつ、このマナーができたかというと、戦争のときだったといわれています。

戦時中、戦車なども含めて車に複数の人間が乗り事故にあった場合、結果として運転席のすぐ後ろに座った人の亡くなる確率がもっとも低かったというデータが出たそうです。

そこで、一番安全であるという理由から、そこが上座と決まったのでした。

今でも車は100%安全な乗り物とはいえませんが、戦時中に比べれば、はるかに安全になっています。

さらにその席は、乗り込んでから車内を移動しなければならないし、乗っているときには狭いし、乗るときと同じく降りにくいしという理由で、**この席を比較的嫌う人が多いのも事実**です。

女性も同様です。

特にスカートをはいている場合には、いったん手前の席に腰をおろした上で奥に移動するのは面倒なものです。

ですから、

「タクシーに乗るときは、できれば手前に座れればいいな……」

心の中でそう考えている女性も多いものです。

また、お客様といっしょであれば、自分がタクシー代金を支払うべきですから、お客様に先に降りてもらい、**奥に座った自分が払って降りたほうがスマート**ですよね。

ですから、四角四面に「運転手の後ろの席が上座だから、そこに座ってもらおう」と考えるのは、相手の快適さを考慮すると、あながち正しいとはいえません。

しかし、実際に、年齢を重ねた人の中には、

「運転席のすぐ後ろが上座。だから自分はそこに座るべき」

と、かたくなに考えている人も多いものです。

では、どうしたら、いいのでしょうか？

私はおおまかに、**相手の年齢によって対処法を変える**ことをオススメしています。

1955年以降に生まれた人の場合、「運転席のすぐ後ろが上座」にこだわらない人が多いようです。

そこで、失礼がないように、いっしょにタクシーに乗るときはこのように言います。

「奥のお席が一番安全なんですが……（と言い、相手の顔を見て）、でも、もし狭いようでしたら、私が座りましょうか？」

と、まずはおうかがいを立てます。
このように言ったときに、うなずくようでしたらOKのサインなので、さっと自分が先に乗り込み、お客様には乗り降りがラクで広い後部手前の席に座ってもらいます。
また、1955年より前に生まれた人は、運転席の後ろが安全で上座だとこだわる人が多いため、このように言って、まずは後部奥席に座ってもらうよう、うながします。

「奥の一番安全なお席にどうぞ」

たとえば、相手がひざや腰が痛むなどの理由で拒む素振りを見せたときには、

「手前のお席のほうが、おラクでしょうか?」

と尋ねます。相手がうなずくようなら、意向に従います。
この新マナーを知ることで、K君はさらに気の利く営業スタッフとして、お客様と

の移動も快適にできるようになったようですよ。

時代とともに、マナーも変わるのです。

また、相手の年齢や性別に合わせて、マナーを応用できる力を鍛えましょう。

第3章

会話のマナー

初めてお客様を訪ねて名刺交換が終わり、着席。
さて、そこからがいよいよ本番、商談のスタートです。
どうやって、話題を展開していきましょうか？
いきなり、自社商品のパンフレットを開いて説明を始める⁉
それでは売り込みモード全開で、お客様も引いてしまいますよね。
この章では、まったくの初対面、しかし、初回面談からきちんと商談に進みたい人に
オススメの会話術をご紹介していきましょう。

初対面で相手を引き付けるスーパー会話術

ようやくアポが取れてやってきた、待望の初回面談の日。

お客様の心をつかみ、うまく商談を進めていきたいものですよね。

いったい、何からどういう順に話していけば、初回面談を成功へと導けるのでしょうか？

まず、知っておいていただきたいことがあります。

営業手法も時代とともに変わる、ということです。

私が営業を始めたのは、１９８０年代の終わりでした。当時は、営業といえば飛び込み訪問でいくのが主流だった時代です。

営業の責任者からはこう習ったのです。

①まずは世間話で人間関係を作る

②最初の数回の訪問では、商品の話をしない

③数回訪問して相手と相当人間的に仲良くなってから、「そろそろ仕事の話をしてもいいですか？」と切り出し、セミナーやフェア、商品の展示会に誘い、見に来てもらう

今から考えると、笑っちゃいます。

今どき、こんな悠長な営業をしていたのでは、お客様のほうがしびれを切らして怒ってしまいます。

「あなたはいったい何をしに来ているの？

訪問の目的は何なの⁉」

しかし、このような「最初は商品の話をせずに、いったん世間話で仲良くなる。しばらくして人間関係ができてから、商品の話を持ちかける」という営業手法は、営業界の人たちの頭にしぶとく残っています。

ですから、今でも、こういった質問をよく受けます。

「どこまで世間話をして、どこから本題（商談、商品の話）に入ればいいのですか？」

１９８０年代と２０００年頃からでは、まったく世界が変わってしまいましたので、営業の方法も変化して当然です。

何が変わったのか?

それは、情報の量です。

インターネットの普及により、従来であれば、営業スタッフが訪問し、説明しなければ知りえなかった情報が、今は無料で大量に手に入ります（その信頼性は別として）。

営業の訪問を受けずとも、ありとあらゆる情報が手に入れられるようになったのです。

つまり、**営業という人間からは、インターネットや口コミからでは知りえない、〝それ以上の情報〟を得られるのでなければ、会う必要はなくなった**、ということです。

したがって、営業スタッフに求められているのは、どうでもいい世間話による〝時間つぶし〟ではなく、**出どころのしっかりした上質な情報**、という時代になりました。

そして、**それによってよい判断ができ、自社の未来によい影響が出るのであれば会う価値がある、と思われるようになった**のです。

以上の見解から、今の時代に営業活動をする人たちに私がまず伝えたいのは、従来型の「世間話で人間関係を築いてから、商品説明に入る」的営業手法からの脱却です。

世間話は「百害あって一利なし」

世間話をしている場合ではない理由を、あと2つ述べたいと思います。

まず1つ目は、**「世間話では、信頼関係は築けない」**ということ。

世間話とは、当たり障りのない話です。

過去には、「木戸に立てかけせし衣食住」という言葉があり、営業スタッフは仕事以外の話を最初にするように、と先輩から教わったものでした。

「木《き》」は「気候」の話（「今年は暖かいですね」「台風が近づいていますね」など）、「戸《ど》」は「道楽」の話（「最近、ゴルフはどうですか？」など、趣味の話）で、営業がお客様と世間話するときに使える話題を語呂合わせにした言葉です。

しかし、世間話というのは、実はいくらしたところで、それによって特別に信頼関係ができる会話ではないのです。

表面的で、吹けば飛ぶような薄い人間関係は築けるかもしれません。しかし、顔見知りという程度の、**ビジネスの発展には役立たないような関係しか得られない**、ということです。


2つ目は、**「世間話は時間泥棒になる」**という理由です。

インターネットの普及により、短時間で仕事がこなせるようになり、さらに仕事の量が増えた、ともいわれています。

みんな、忙しいのです。

時間がない！

世間話に付き合わされたお客様の立場にも立ってみてください。

「あ〜、この時間があれば、あの仕事を片付けることができたのに！

何のために、この人は来ているの？

時間がもったいない……」
そう思われることになってしまうのです。
では、世間話をせずに、どうやって、初対面の相手と関係を築いていくのか？
そこを伝授していきましょう。

LESSON

世間話でいくら仲良くなっても成果は出ない！

初対面の15分で勝負が決まる！

アポが取れ、訪問するのであれば、当然事前に下調べをしますよね。
ほとんどの方がインターネットで相手企業のサイトなどを見て調べるのではないでしょうか。

何を中心に頭に入れておきましょうか？

資本金の額、設立年、社長のプロフィール、業種、業態、年商、社員数……。

サイトをひととおり見ますが、私はまず、**初対面の出会いのときに話題にすべきことを見つけるように**していています。

人はみな、自分や、自分の会社に一番興味があるものです。

ですから、**初対面の会話では、まずは先方の会社について話題にすべき**なのです。

それも、先方の会社の次のような点について、です。

Point !

- **すごさ**
- **すばらしさ**
- **特別な点**

どの企業も何かしらすごい特徴を持っていますし、そうでなければ生き残れません。
私はそれを**3つ見つけ出し、初対面の会話ではまずそれを話題にし、**

Point!

認める
ほめる

ということを実践してきました。

この会話を最初の15分、集中的に行うことで、相手は「この営業はわかっている」と信頼してくれ、打ち解けた雰囲気に変わります。

そして、その後の商談がぐんとスムーズに運ぶようになるのです。

LESSON

初回面談では、
先方の会社の「すごさ」を話題にする！

３つの「すごさ」を見つけてほめる！

名刺交換をして着席したら、その後、どう話題を展開するか？

先ほどもお話ししたように、私は**いきなり、先方の企業の「すごさ」３つを話題にしてきました。**

そして、おおいに認め、敬意を表してきました。

このアプローチは明らかに世間話とは違いますよね。

相手は、自社のことが話題の中心なので、目をキラキラさせて聞いてきます。

また、自社のすばらしさを話題にし、それを認める**私たちを少し好きになる、**というのが特徴です。

たとえば、こんなふうに話します。

「御社は、創業が○○年とうかがいましたが、すばらしいご発展ですよね！

この短期間に、この分野でこれだけのご成長をとげられたというのは、業界でも話題であり、驚きなのではないでしょうか?」


「御社の商品の○○は、目のつけどころがすばらしいですよね!

ニッチな世界とはいえ、業界を席巻されているというのは、本当にすごいことだと思います」


「ホームページを拝見したんですが、社長様の理念が明確に伝わってきました。

モノ作りに対する徹底したこだわりが、着実に愛用者を増やし、発展してこられたひとつの理由ですよね」


「この業種に特化していらっしゃるんですね。

すごい目のつけどころだと感じました。

他からの参入も少なく、ビジネスの展開が有利ですよね!」

「御社は、○○地区の○○の分野ではナンバーワンなんですね。すばらしいと思いました」

この「**ナンバーワン**」**な部分を見つけてほめる**のは、高い効果が期待できます。たとえ日本一でなくても、エリアを狭めることで、ナンバーワンな何かを見つけることができます。たとえば、**インターネット販売のある分野では1位、ある特定の地域や分野で突出している**など、です。

「御社の社長の○○様、本を出されていますよね。以前読ませていただきまして、とても感銘を受けました。憧れの方の会社におうかがいできて光栄です」

「こちらの本社ビル、とてもよい場所にありますよね。やはり場所というものは、企業を表すもののひとつですから、企業イメージをますますアップさせているのではないでしょうか？」

世間話と、これらとの違いは何でしょうか？

これらはすべて、お客様の企業の「すごさ」を話題にしている、ということです。

Point !

①「すごさ」を事前に見つけ、初回訪問の最初の会話で話題に取り上げる
②そして徹底的に認める

これがインターネット時代の成功する初対面の会話術です。

相手はどう感じるでしょうか？

少なくとも、「よく調べてきたな」と感心するでしょう。

そして、尊敬されていることを感じ、「力の欲求」が満たされるでしょう。

誰でも、自社のことを大切に考え、敬意を表してくる人や企業と付き合いたいと思うものです。

最初の15分はまず相手の企業の「すごさ」にポイントを置き、会話していきます。

こちらから話題をふることで、相手も会話しやすくなり、さらに自社の強みを語り出してくれることも多いものです。

そうなればしめたもの。会話がはずみ、次回アポを取り付けやすくなりますし、今後どう営業していくか、あるいはどんな提案書を作っていくといいかなどを考える際に参考になる情報もいろいろと得られるでしょう。

LESSON
最初の15分は、具体的に相手企業の「3点」をほめる！

個人に対する営業ではどうする？

個人向けに営業する場合は、相手についてインターネットを使って情報収集するというわけにはいきません。

キャリアなどに関する事前情報と、訪問時の観察が重要となります。

やはり、ここでも私は相手の「すごさ」を3つ見つけ出し、それを話題にし、認める、ほめる、ということを行ってきました。

その場で目に見えるものからだけでもほめる材料はいくつも見つけられます。

まずは、相手の外見で話題にできそうなものはありませんか？

服装、髪型、持ち物などをほめることは、それを選んだ人を認める、ほめることを意味します。

あるいは、その人の行動や性格に特徴的なところはありませんか？

たとえそれが一見、ネガティブに捉えられがちなものであっても、よい方向に捉えてよい解釈をすることはできるものです。たとえば、無口な人には、「じっくり聞いてくださって、ありがとうございます」と言うことができます。

目に見えるものはすべて、相手の表現なのです。その人の表現していることを認める、ほめるということは、その人の存在意義を認め、受け入れることであり、そうすることで信頼関係を築く良いきっかけがつくれるでしょう。

商談の切り口は2つのテーマから見つけよう！

そして、これから先は、以下の2つのテーマで情報収集していきます。

Point !

①今後の未来像
②悩みや問題点

成功マナー1 **相手の「今後の未来像」について情報収集する**

これは、企業であれば、次のような点を聞き出していきます。

これからどのように発展していく予定なのか？
規模や社員数は？
どの分野に進出する予定なのか？

目標とする売上は？

成功マナー2 「悩み・問題点」について情報収集する

そして次に、その実現をさまたげている悩みや問題点を聞き出します。

それは、**相手のすごさやすばらしさを話題にすることによって、それは自然と口にしてもらえることが多い**ものです。

「いやいや、それほどでもなくってね……」

「実は見た目ほどうまくいっているわけではなくって……」

「社員の成長が、会社の成長に追いつかないんだよ」

「いかんせん、人が足りなくてね」

こんなふうに、弱み、悩み、問題点を相手のほうから語ってもらえることも多いのです。

そうすれば、こちらは次の点について情報収集ができます。

Point!

●先方が「得たい未来像」を得るのに、どのようにお手伝いできるのか？
●相手の問題や悩みを解決するのに、役に立てるのか？

そうです！
自社商品のプレゼンテーションの切り口が見つかるのです！

LESSON
2つのテーマで情報収集すれば、成功するプレゼンの切り口が見つかる！

15分でできる！ 新定番・初対面の会話術

名刺交換から始まって最初の15分の会話ですることが見えてきました。
初対面の人から好かれ、しかも営業としてプレゼンテーションの明確な切り口が見えてきました。
これがインターネット時代の初対面での新定番マナーです。
もう一度、まとめておきましょう。

Point!

①相手の3つのすごさを話題にし、認める
②相手が求める未来像を情報収集する
③相手が解決したい悩み、問題点を情報収集する

商品説明はこう切り出せばうまくいく!

得たい未来像、解決したい悩みと問題点、これが商品説明プレゼンテーションの切り口となります。

「御社が〜〜の方向に向けて

今後ますますご発展していかれる過程を
お手伝いさせていただければと思って、
○○をご提案したく、お持ちいたしました」

このように言って自社の会社概要、商品のパンフレットを出すことができます。

あるいは、

「御社が○○について解決したいとお考えである、
というご意向はよくわかりました。
その点で、わたくしどもは、
幅広くお手伝いできるかと存じます」

などと言って、切り出すことができるのです。

長年、営業の仕事にたずさわってわかったことがあります。

それは、

Point !

基本的には、お客様は私たちの会社に興味はない
私たちの商品にも興味があるわけではない
もちろん、私たちに興味があるわけでもない

⬅

しかし、自分や自分の会社のより良い未来には、おおいに興味がある！

ということなのです。

ですから、相手の未来の発展、そして問題解決に向けて話を切り出さないと、興味深く商品説明のプレゼンを聞いていただけないわけです。

逆に、この2つについてしっかり情報収集し、そこに向けてプレゼンすれば、相手は最初から身を乗り出し、興味深くうなずき、質問もしながら、一生懸命に話を聞いてくれるでしょう。

従来型の、ただひたすら「自社商品のよさ」を伝えまくるというのは、「売り込み型」の営業手法として嫌われ、今後はマナーという見地からもいただけないものとなるでしょう。

いかに相手の役に立てるか?

この点にポイントを置いた、新定番のプレゼン術を身につければ、お客様に喜んで契約してもらえるようになります。

このことは、法人営業でも、個人営業でも、同様です。

LESSON

プレゼンでは「いかに相手の役に立てるか?」をアピールできるかがポイント!

お客様の話をメモする場合はここに注意!

お客様と会話するときにメモを取る。これはとてもよい姿勢です。

話が進むうちに、最初に聞いたことは忘れてしまいがちです。

また、お客様も最初は本音を話してくれても、後になって具体的な金額やプランが出てくると、それを語ってくれなくなることも多いものです。

手帳やノートなど紙にメモする分には、それほど問題ないでしょう。

ただし、最近増えているのですが、パソコンをお客様のところに持ち込んで、それを使ってプレゼンをしたり、メモを取ったり、という場合は気をつけましょう。

◎「パソコンを使って、メモをしてもよろしいでしょうか？」

このように、必ず事前に相手の許可を取りましょう。

これを尋ねず、いきなりパソコンを開いてメモを始めると、不信感を持つお客様もいます。

「メモではなく、何か外部にメールで知らせているのかな？」

「今、この瞬間、この人はどこかの外部とつながっていて、情報が漏れるのではないか？」

そんな危惧を相手に抱かせてしまうことにもなりかねません。

相手がそのような不快感や不信感を抱く前に一言、断りを入れておくことが、これからの時代には必要です。

これは、何かの説明会やセミナーに参加したときにも同様と覚えておいてくださいね。

LESSON

パソコンでメモを取るときは「相手に一言、断ってから」が基本マナー

第4章
外見・服装のマナー

同じような営業トークをしているのに、
なぜか好かれる人と嫌われる人がいます。
どこが、どう違うのでしょうか？
実は、相手はあなたが話し出すよりも先に、
「パッと見たときの第一印象」であなたを判断しています。
つまり、見た目です。
美男、美女である必要はありません。
大切なのは「好かれる外見」の持ち主であること。
これはポイントさえ押さえれば、誰でも簡単に手に入れることができます。
特に、信用される、実績が出せる営業スタッフになりたければ、
服装はものすごく重要です。

服装が9割、成功を左右する!?

ご存知の人も多いと思いますが、「メラビアンの法則」というのがあります。

メラビアンとは人の名前で、アメリカ人の社会心理学者です。大勢の人に、他人の話を聞いてもらい、「何が一番印象に残っていたか?」を調べた人として有名です。

メラビアンが3つの観点から、「何が何%、印象に残ったか?」を調べたところ、驚くべき結果が出ました。

なんと「話の内容」が7%、「話し方」が38%、「見た目」が55%となったのです。

Point !

3つのV

①話の内容(バーバルVerval) ⬇7%
②話し方(ボイスVoice) ⬇38%
③見た目(ビジュアルVisual) ⬇55%!

この数字が誰にでも当てはまるものかはわかりませんが、当たらずとも遠からず、でしょう。

営業として人に会う、プレゼンをする、となると、ついつい何をどう話そうか、話の内容や中身に気持ちが向きがちです。が、意外にも**話し方と見た目で93％、話の内容は7％**というのですから、あらためて、話の内容を補完する意味でも、中身以外のものの重要性を感じさせられます。

では、見た目はどこで判断されるのでしょうか？

それは、**9割が服装**です。

なぜなら、人の体の9割は服で覆われているからです。

服装を変える、上質にする、好感度の高いものにすることで、自分の**「見た目力」**をコントロールすることができたら、ビジネスにどれほどよい効果が表れることでしょう。

ここでは、**信頼され、結果を出し、数字を上げられる営業スタッフに変身する外見の作り方**について、男女別に説明していきましょう。

LESSON

相手に与える印象は服装で9割が決まる

男女ともに、ビジネスの服装には3段階のレベルがある

男性女性ともに、営業の現場において服装には3段階のレベルがあります。この3段階を、あるひとつの基準によって使い分けていきます。

3段階の詳しい説明はこの後するとして、まず、どういった服装で訪問するべきか、その判断の基準から話していきましょう。

営業という「人を動かす」仕事をする人にとって、まず**一番どうでもいいことは、「自分にとってどうか？」ということ**です。

Point

自分がそれを好きか、嫌いか？

自分にとって、快適か、そうでないか？

自分が気分がいいか、悪いか？


そうではなく、一番大切に考えるべきは、「会う相手にとってどうか？」です。

Point

相手がそれを好きか、嫌いか？

相手にとって、それは、快適か、そうでないか？

相手がそれを見て、気分がいいか、悪いか？


こんなふうに「人から見てどうか？」だけを判断基準にして、服装を選ぶべきなのです。

なぜなら、**目の前の人を動かすのが営業の仕事の第一の目的**だからです。

「自分にとってどうか？」を捨てることで選択の範囲が広がりますし、自分の判断が一回り大きくなります。

たとえば、時にこのようなことがあります。

男性には、「ネクタイをはずしたスーツ姿」（後で述べる「服装レベル2」）という、ややカジュアルな服装があります。

ベンチャー企業の経営者はこのような服装をしていることが多いですし、それを真似てか、若手社員たちも同様の格好をしているものです。

相手がこのレベル2の服装であれば、自分もレベル2でも、なんら問題はないでしょう。価値観が共有できる、とすら言えるでしょう。

が、このレベル2の服装で銀行などの金融機関を訪問するとします。その銀行では、慣習として、多くの人が従来からのレベル1の「スーツにネクタイ」というういでたちであったとしたら、どうなるでしょうか？

銀行の人たちは瞬時に、

「いいなぁ、この人は……気楽な服装でいられて」と軽い嫉妬とともに、

「自分たちとは別世界の人」

「価値観が合わないかもしれない」

などと感じる場合もあるでしょう。
つまり、服装をまずレベル1~3に分類し、さらに**「自分が会う相手の服装はどれに当てはまるのか?」を推測し、できる限りそれに合わせる、**もしくは**「絶対に、相手よりカジュアルにならない」**ように工夫すると間違いありません。

LESSON
相手よりカジュアルな服装は厳禁!

絶対押さえておきたい! 男性の服装レベル1~3

服装レベル1 スーツ+ネクタイ

レベル1は、「スーツにネクタイ」といういでたちです。従来からある、オーソドックスな基本スタイルですね。

スーツは、**シングル**、色は**紺系かダークグレー**など落ち着いたもの。

ワイシャツは、派手なストライプなどを避け、**白や淡い色の無地**の着用が基本です。

ネクタイは、ビジネスシーンに合わせて、色や柄を選びます。

たとえば営業先で、**自分の積極性を表現したいときには赤系のネクタイ**がよいでしょう。

逆に、お詫びに行く場合には、それでは人を馬鹿にしているように見えてしまいます。

クレーム処理などでは、紺かグレーなどが定番となります。

ちなみに、コミカルな柄のネクタイはNGで、買わないのが無難です。たとえば、キャラクター物の柄や食べ物をモチーフにしたネクタイなどです。

靴は、黒や茶などスーツの色に合ったもの。

そして、**靴下は、黒などダークカラーのビジネスソックス**を合わせます。

白や白っぽい綿のソックスなどは、NGです。

「スーツに白いソックスをはく人なんているの？」と笑う方もいるかもしれませんね。

しかし、私が企業でマナー研修をすると、「これはだめですか？」などと言って、淡いグレーの綿ソックスを見せてくれる人も珍しくありません。学生気分とは縁を切りましょうね。

男性の基本ビジネススタイルは？

服装レベル1＝「スーツ＋ネクタイ」

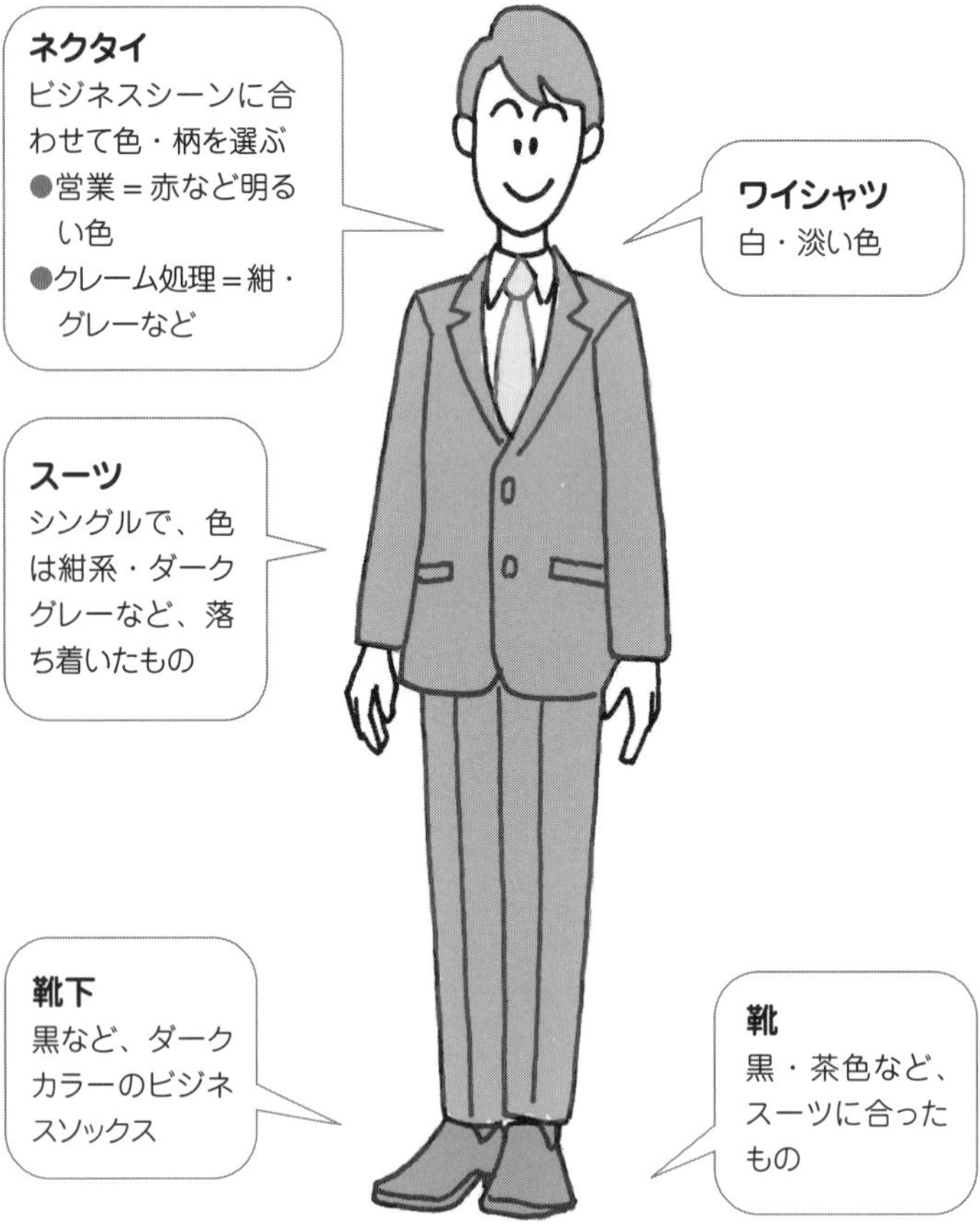

男性版

あなたの服装マナー度チェック！

以下の各項目で、あなたがNGと思うものに、チェックをしてみてくださいね。

1□体格がよくダブルのスーツが似合うため、それを着てお客様のところに行く。

2□彼女に「似合う！」と言われた色つきのメガネをかけている。

3□ひげが濃く、そるのがたいへんなので、伸ばしている。
あるいは、肌が弱く、ひげをそると負けるので、あごにふんわりたくわえている。

4□自分好みの太いストライプのシャツを着ている。

5□個人的に好きな、あるキャラクター（アニメなどの）がデザインされたネクタイをすることが多い。

6□学生時代は芸術を専攻していた。その頃からの習慣で耳にピアスをしている。

7□歩きやすいので、厚底の靴を愛用している。

8□書類など荷物が多いので、普段はリュックで営業に行く。
誰にも迷惑をかけないのでいいと思う。

9□センスに自信がない。眉などは整えられないので手入れしたことがなく、伸ばしっぱなしの自然体。忙しいので、髪を切りに行くのは2ヶ月に一度。

10□実はプレスリーのファンなので、以前からもみあげは長くしている。

11□美容師さんが「かわいい！」と言ってくれた、ディップでツンツン立たせた髪型で営業に行っている。

12□外資系企業に営業に行くことが多いため、外国人っぽくというほどでもないが、明るい茶色に髪を染めている。

13□がんばってお金をためて買った、ブランド物の高価な金の時計をしている。

実は、以上は全部NG！　です。

念のため、解説しておきましょう。

1　営業職としては、**スーツの基本はシングル**です。

2　色つきメガネは自分の印象を変えてしまい、人から誤解されるおそれがあるため、避けたほうが無難です。

3

ひげは、そるのが基本です。「ひげを伸ばしていた」という理由だけで不採用になった人を私は知っています。

ひげを伸ばすのは個人的な趣味にとどめ、長期休暇のときなどに楽しんでみてはどうでしょうか。

4

太いストライプのシャツは、必要以上に派手に見える場合があります。

着用したい場合は、せめてある程度、役職が上がってからにしましょう。

5

そのキャラクターが関係する会社に勤めているなら、いいでしょう。そうでない人は、キャラクターもののネクタイはＮＧです。

6

人は自分に似た人が好きです。まだまだ男性のピアスは会社では少数派。避けたほうがいいでしょう。

7 カジュアルな靴はビジネス向きではありません。

8 カバンはリュックではなく、手提げタイプを使用しましょう。肩かけがついているものもOKです。つまり、**A4の書類がすっと出し入れでき、スーツがシワにならないカバンがよい**、ということです。

9 今の時代、髪はもちろん、眉毛を伸ばしっぱなしというのは〝自然体〟というより、〝だらしない印象〟になります。1ヶ月に一度は髪をカットし、同時に眉も整えてもらいましょう。

10 もみあげには流行がありますが、極端に伸ばす、短くするのはNGです。ある程度流行に合わせながらもプレーンに。

11

整髪剤で光らせツンツンと立たせた髪型は、特に年配の保守的な人に不評です。アバンギャルドすぎるとか。

自分のストライクゾーンを広げるためにも、この髪型は避けましょう。

理容室で髪をカットするときに、自分の職業やそのイメージを伝えてから切ってもらっては?

12

髪が多いなどの理由で髪を染める人も多いものです。茶髪そのものが悪いわけではありませんが、周りとの調和が大切です。染める場合には、明るすぎない色にとどめましょう。明るすぎる髪色は、信用できない印象を与えます。

13

高価なブランド物の時計が悪いわけではありません。が、ビジネスシーンで、派手で高額すぎるものを身につけると、仕事に悪影響が出る場合があります。

つまり、「この営業から買うと、歩合制か何かで、この人はものすごく儲かるのか?」などと余計な推測をさせてしまったり、商談中にそこにお客様の目がいき、気が散る、というようなことが起こります。

これらは基本中の基本であり、知っておいて損はないので、しっかり頭に入れておいてくださいね。
「なぜそうなのか?」という理由もわかっていれば、忘れませんよね。

服装レベル2 スーツ・ネクタイなし

最近よくビジネスシーンで使用される男性の服装に、「ネクタイを着用しないスーツ姿」というのがあります。

営業職としての服装は、

「相手にとって、どうか?」
「人から、どう見られるか?」

ということを基準に選ぶとすれば、相手がこのスタイルである場合、こちらもレベル2でなんら問題はないでしょう。積極的に着るもよし、です。

お互いにこういったノーネクタイのスーツを着て商談する、というのは今後さらに増えるものと思われます。

いずれにせよ、**このスタイルを着用するかどうかは、相手に合わせてしまうのが正解**です。相手がそうならまったく問題はありません。が、相手がレベル1であるのに対し、こちらがレベル2、というのはいただけません。

そして、もうひとつ、女性の目線でお伝えしておきたいことがあります。

それは、この「ノーネクタイのスーツ姿」は、決してレベル1のスタイルからネクタイをはずしただけの姿ではない、ということ。

最初から、**ノーネクタイでも着用が可能なスーツを購入**し、そのうえでネクタイ着用か、そうでないかを選択する、ということです。

ところが、通常はネクタイ着用で着るべきスーツを着て、ネクタイをただはずしただけでこのスタイルを実現しようとする人がいます。

それは傍目《はため》にたいへん滑稽《こっけい》に映ります。

私は、実はこの姿を「退院して帰ってきた人みたい……」と内心で思っています。つまり、こういうことです。

仕事中に倒れて病院に運び込まれ、しばらく入院した人がいたとします。その人はきっと退院してくるとき、ネクタイだけをはずしたスーツ姿で弱々しく出てくることでしょう。

普通のスーツを着ていてネクタイがないというだけで、**力強さに欠け、さえない弱い印象**となってしまいます。

ノーネクタイスタイルにするなら、お店の人に相談するなどして、**最初からノーネクタイにも対応できるスーツを購入**し、相手に合わせて着用することをオススメします。

服装レベル3　カジュアル系（クールビズなど）

レベル3とは、**クールビズやウォームビズ**など、**カジュアルな服装**を指します。

会社の方針で採用するところも年々増加傾向にあります。

クールビズは冷房代の節約にもなりますし、動きやすく快適です。

女性が夏は半そでを着用できるのに対し、男性はこれまで長そでが基本でしたから、この導入で助かった〝暑がりさん〟も多いはずです。

ここでひとつ大事なことは、相手から指摘される前にこちらから、

「**弊社はクールビズを採用しておりますので、社員がラフな服装でお目にかかることがあるかと思いますが、よろしくお願いいたします**」

と先に申し上げておくことです。

ただし、人が自社に来る場合はこれでいいとしても、**顧客を訪問する場合にはレベル1のスーツに着替える**のがベターでしょう。

会社にスーツとネクタイを一そろい置いておけばよいのです。訪問やクレーム処理など、いざスーツが必要というときには、さっと着替えて外出すればすみます。

ただし、いくらクールビズといっても、営業職としてはカジュアル化には下限があります。

いくらなんでも、膝丈などの短いパンツ、ジーンズ素材のもの、サンダル履きなどはご法度です。

クールビズは、着る人にとっては快適で、仕事もはかどり、電気の節約にもなって言うことなしですが、私には笑えない思い出があります。

ある企業を訪問した日のことでした。

その日は、たまたま6月1日。つまり、その会社でクールビズがスタートした日だったのです。

「弊社ではクールビズを採用しておりますので……」と電話アポのときに聞いてはいたのですが、私は驚くような誤解をしてしまいました。

そのF社を訪問した際、男性社員が5人出てきました。

全員が白いシャツで、しかもそでをまくってノーネクタイでした。

その格好を見た私は、とっさにこう思ってしまったのです。

「あ〜、この会社は、今日は引っ越しなんだ。だから、みんなこんな格好なのね。引っ越しの力仕事の途中で抜けて、私に会いに出てきてくれたのだわ」

そう信じ込んだ私は、こう口に出して尋ねてしまったのでした。

「どちらに引っ越されるのですか？」

あのときのみなさんの、口をあんぐり開け、あっけにとられた顔といったら……。

クールビズは、認知する側にとっても、認知してもらう側にとっても、お互いに多少エネルギーが必要、ということです。

LESSON

3つのレベルを押さえ、ビジネスシーンに合わせて使いこなそう

絶対押さえておきたい！　女性の服装レベル1〜3

ビジネスにおける服装について、これまで男性については多くが語られてきましたが、女性についてはあまり注目されてこなかったと感じます。

事務職には制服もありましたし、外回りの営業はスーツを着るように言われる程度でした。

しかし、だからこそ、**女性は服装を少し工夫しただけでも成果が出やすい**といえます。

実際、私は営業マネジャーだった時代、多くの女性の営業スタッフを採用し、育成して

きた経験上、男性以上に女性の服装についてもアドバイスし、成果を上げてきました。どのシーンで、どういった服装を選べば自分自身の評価が上がり、仕事でも高い成果を上げることができるのでしょうか?

女性の服装についても、3つのレベルに分けてお伝えしていきましょう。

服装レベル1 上下そろったスーツ

一番基本のスタイルです。女性営業の方であれば、なおさらです。

スカートかパンツか、という選択肢がありますが、**どちらかというとスカートが正式で**あると見られます。

ネクタイを着用したスーツ姿の男性の隣に立って調和するという意味では、スーツの色はやはり**紺**、**ダークグレー**、**もしくは黒**もいいでしょう。

企業でマナー研修をすると必ず出る質問は、スーツの色についてです。

「白の上下、赤の上下、ブルーの上下、ピンクの上下、というのはどうなんですか?」

いろいろな意見があるかとは思いますが、私は、色については特にルールはもうけていません。

女性の基本ビジネススタイルは？

服装レベル1＝「スーツ上下」

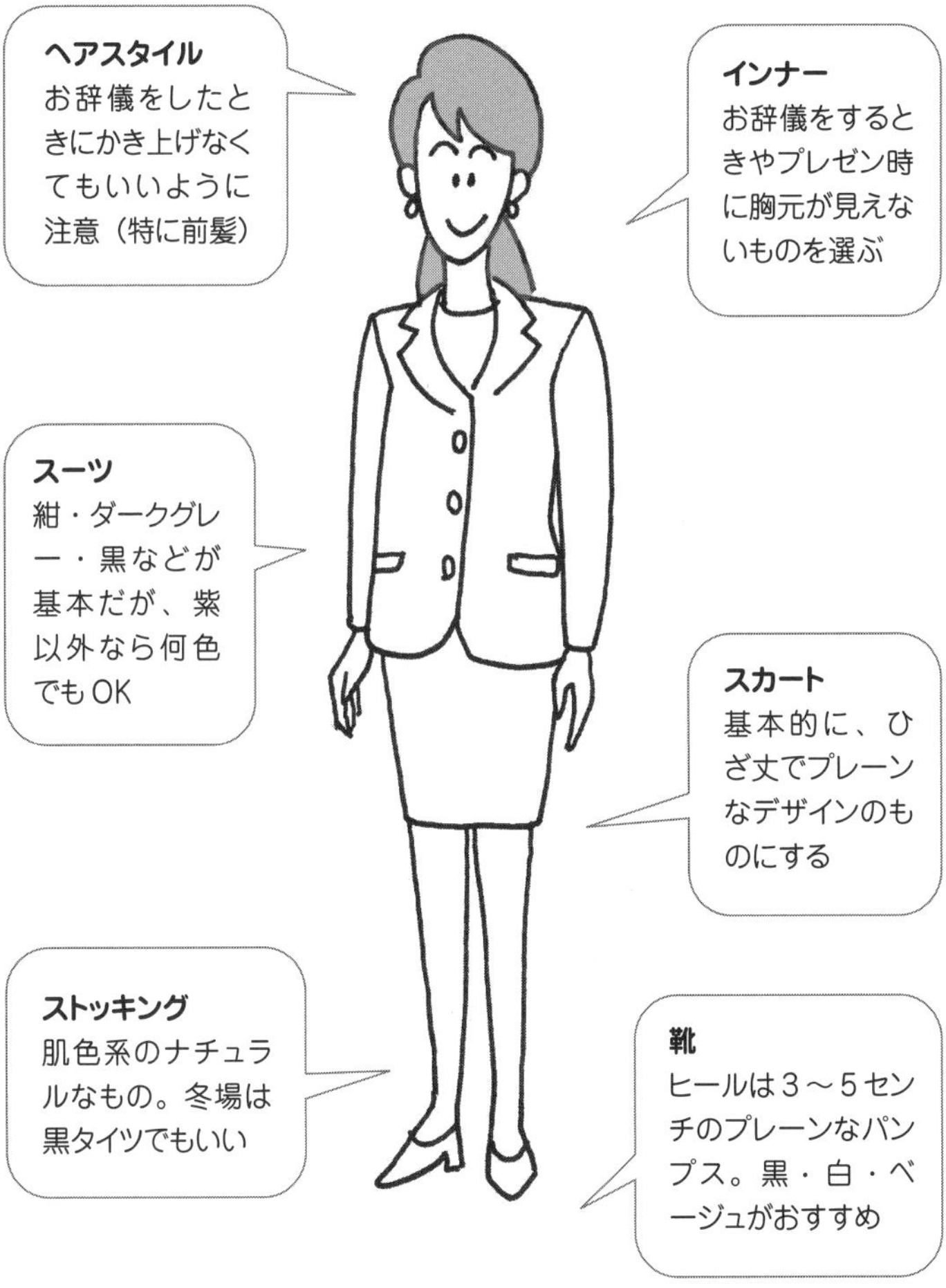
ヘアスタイル
お辞儀をしたときにかき上げなくてもいいように注意（特に前髪）
インナー
お辞儀をするときやプレゼン時に胸元が見えないものを選ぶ
スーツ
紺・ダークグレー・黒などが基本だが、紫以外なら何色でもOK
スカート
基本的に、ひざ丈でプレーンなデザインのものにする
ストッキング
肌色系のナチュラルなもの。冬場は黒タイツでもいい
靴
ヒールは３～５センチのプレーンなパンプス。黒・白・ベージュがおすすめ

「紫の上下以外は、すべてＯＫ」と答えています。

女性政治家を見てもわかりますが、鮮やかな色のスーツは、そう悪い印象ではなく、それを着る人の気迫すら感じさせるものです。

また、いつも**赤いスーツで顧客訪問をする女性が営業で高い成果を上げている**のを目の当たりにしたこともありますし、**ピンクのスーツの人がとてもやさしく上品な印象で好かれていた**例も見ています。

私は、講演時には白い上下を着ることが多いのですが、これも明るい印象で好評です。

さて、紫だけは別、という理由についてもお話ししておきたいと思います。

紫というのは、赤と青を混ぜ合わせた色で、情熱の赤とクールな青が混在したとても神秘的な色です。私は個人的には大好きです。

が、時には、心理学では病気の色などと言われることもあり、実際に紫を嫌いな人がいますし、その色を見ると気分がすぐれなくなる人の存在も無視できません。

よって、念のため紫は避けるのが、自分が多くの人の役に立つ営業スタッフになるための基本だと考えています。

スカートとパンツの違いで言えば、より**活動的で積極的な自分をアピールしたいときにはパンツ、品のよさや女性らしさを強調したいときにはスカート**、と使い分けるとよいでしょう。

女性版　あなたの服装マナー度チェック！

さて、頭を整理するためにも、ここで女性の服装レベル1におけるチェックリストをあげてみましょう。

あなたがNGと思うものに、チェックをしてみてください。


1□ストッキングは、網タイツや柄物が好き。会社でもはいている。

2□スーツとくれば、ハイヒールだと思う。スタイルもよく見えて完璧。少々、外反母趾が痛いけど。

3□お化粧が嫌い。できるかぎり素肌で、ノーメークでいるのが私流（ニキビも気になるし）。

4□お化粧が大好き。流行のアイシャドーやマスカラは必ず買い、最新の化粧をしている。口紅も茶色が流行ったときには、それを愛用した。

5□彼の好みなので、髪はロングと決めている。色気もある気がするし、きっとお客様にも好評なはずだと思う。

6□いつも服装はスーツ。でも、インナーに凝っている。ちょっとセクシー気味なのが好み。プレゼンのとき、人の視線を感じることがある。

7□最近太ったので、着られるスーツは伸縮性のあるニットのものだけになってしまった。だから、ニットのスーツで仕事に行っている。

8□行きつけのカッコいい美容師さんのオススメで、髪を明るい色にカラーリングしている。フランス人みたいでかわいく、自分では気に入ってる。

9□雑誌に載っている服をチェックし、買いに行くことが多い。先日は、ひざ上15センチのミニスカートと、バルーンタイプのスカートを買った。

10□私は香水マニア。つけていると気分がいいし、ヤル気が出る。お客様もきっと気持ちよくなると思うので、特にお客様のところに行くときにはつけていく。

11□最近、ネールアートに凝っていて、つめを5ミリくらい伸ばしている。色はブルーも好き。ネールにアクセサリーもつけている。

12□休憩時間のタバコがおいしくて、やめられない。ランチタイムに吸う分には問題ないと思っている。

13□夏場は、暑いからナマ足（素足）にサンダルかミュール。健康的だし、雑誌でもそういうスタイルをすすめているから。

14□妹がジュエリーデザイナーをしていて、私もアクセサリーやジュエリーが大好き。特に大きめのものがお気に入り。

15□リップグロスが気に入っている。口紅だけをつけるのより、明るく健康的に見えるから、いいのでは？

実は、残念ながら1〜15番まですべてNGです。

その解説もしておきましょう。

1　スカートにはストッキングがつきものですが、基本は**肌色系のナチュラルストッキング**。季節を考慮して、**冬場は黒ストッキングや黒いタイツもOK**です。網タイツや柄ものは、休日などプライベートタイムのおしゃれ用にとっておきましょう。

2 ハイヒールそのものは、悪くありません。公的な場にハイヒールで登場するのは自分にとっても背すじが伸び、気持ちもしゃんとするかもしれませんね。自分が歩きやすく、活動に支障をきたさないのであればよいでしょう。

私も講演時にはハイヒールをはくことがよくあります。が、営業として活動するときは別です。転んで骨折したり、何かの隙間にヒールが入り込んで抜けなくなるといった事故も起こるものだからです。

営業職として活動するときには、5センチヒールなどのプレーンなパンプスを履くほうが安全です。また、いくら歩きやすいといっても、スニーカーはやめましょう。「ウォーキングシューズはどうですか?」という質問も時々受けます。色が黒などで少しヒールのある安定したウォーキングシューズであれば、営業活動にはOKでしょう。

3 社会人になってからは、**女性のお化粧は、男性がひげをそるのと同様の身だしな**

みと考えてください。
朝晩、顔をしっかり洗って清潔にし、吹き出物ができるのを防ぎ、基本的にはファンデーションをつけ、眉、目、口、チークのポイントメークをして人前に出ましょう。

4
おしゃれに敏感なのは素敵なことですが、流行を追いすぎるのは危険です。たとえば、茶色や紫の口紅などが流行ることがありますが、**不健康に見えるメークは避けるべき**です。自分の好みは仕事の後で存分に発揮して！　**営業職の外見作りは「人から見た自分」の演出**であることをお忘れなく。

5
ロングヘアは女性らしく美しいものです。が、髪型については、3点ほど気をつけてください。
一点はまず、**お辞儀をしたときにかき上げなくてもよい髪形**（特に前髪に注意！）にする、ということです。営業はお辞儀をすることが多いものです。そのたびにかき上げていたのでは、目につきます。

もう一点、**長すぎるのも奇妙**です。変わった価値観の持ち主、と見られる可能性もあります。長くても背中の真ん中までなど、適度な長さにしましょう。

3点目。ロングヘアは目立つからこそ、頻繁に洗髪してにおいなどに気をつけ、またトリートメントなどもしてツヤを出しましょう。**手入れの悪いロングヘアは、“伸ばしっぱなしのかまわず屋”という印象を与えます。**

6

スーツはきちんと着ていても、インナーで失敗することがあります。

私は女性の営業スタッフを指導する際に、セクシーなインナーは着ないようにアドバイスしていました。

なぜなら、**プレゼンの場では、前かがみの姿勢になることが多い**からです。そのようなとき、胸元が見える、もっとわかりやすく言うと、「谷間がのぞくと、どのようなことになるか?」を考えてみてください。聞き手は、プレゼンよりも、そちらに注目するでしょう。気が散ります。

せっかくのプレゼンも、きちんと聞いてもらえないのであれば、それまでのアポ取りなどの努力がすべて水の泡です。また、自分自身が物欲しげで下品な印象となってしまいますので、注意が必要です。

7

伸縮性のあるニットスーツはビジネスには不適切です。着ていてラクではありますが、だらしなく見え、シャープさに欠ける印象を与えるので、避けましょう。

8

染めた髪の色が明るすぎるのは、男女ともにNGです。**軽く、信用できない感じを与える**ことがあるからです。美容院で職業を言って、具体的に相談してみましょう。

9

雑誌に載っている流行の服をチェックするのは楽しいものです。私も日々チェックしています。でも、ビジネスシーンに取り入れるのにふさわしい服であるかそうでないかを見分ける目を持ちましょう。

先日、こんなことがありました。ある営業の女性のスカートのすそがクシャクシャだったので、気になって注意しました。すると、そういうデザインなのだ、ということでした。でも、やはり普通の人の目にはすそにシワと映ります。

スカートは基本的に、プレーンなスタイルでひざ丈、と覚えておいてくださいね。

10

香水をつけることで自分がモチベーションアップする、その気持ちはわかります。私も大好きです。が、営業としてプレゼンに行くときにはつけないほうがいい明確な理由があるのです。

人間も動物ですから、他のにおいが自分のテリトリーに入ってくると、侵入された気持ちになって追い出したくなる本能があるそうです。ですから、**特に新規のお客様のところに行く場合には、香水はご法度**です。

よほど信頼関係のある既存顧客の場合はこの限りではないかもしれませんが、それでも、軽いタイプを少なめにつけるなどの配慮が必要です。

いっそ営業活動では香水はつけない、と決めてしまったほうが簡単ですね。私はそうしていました。

11

女性従業員のネールアートを禁止している会社も多いと聞きます。なぜでしょうか?

プレゼンの場では、手、指が目立つ場合が多いのです。派手で奇抜なネールアートを奇異に感じる人の割合も、まだまだ少なくはありません。仕事の場では避けましょう。

なお、私が営業のマネジャーをしていた頃は、扱っている商品が赤ちゃんや幼児向けのもので、小さいお子さんのいるお宅にうかがうことが多かったため、つめそのものを伸ばすことも禁止していました。つめは短く切り、マニキュアを塗るのであれば、シェルピンクや透明など無難なものに、と決めていました。

自分が扱っている商品やサービスによっても変わるかとは思いますが、**迷った場合は、派手でないほうを選んだほうがいい**でしょう。

12

タバコを吸う、吸わないは個人の判断です。でも、タバコのにおいが嫌いな人も多い、ということをお忘れなく。

タバコを吸うな、と言っているのではなく、吸う人であれば、2つの点で気をつけましょう。

1つ目は、自分の扱う商品・サービスにタバコのイメージがマッチしているか？

2つ目は、吸うタイミング。

たとえば、健康食品や肌をきれいにする化粧品、あるいは保険など命にかかわるものや幼児向けのものなど、タバコのイメージと合わない商品を扱っている場合には、タバコのにおいそのものが、自分と自社のイメージダウンにつながることを忘れないでください。

そのような商品を扱っているけれど、どうしてもタバコを吸いたい、という人には、その日のプレゼンが終わってから吸うことをおすすめします。休憩時間であっても、その後の**プレゼンでタバコのにおいがする、というのはいただけない**ものです。

実際、私が以前いた会社では毎月、「タバコくさい人が来た。嫌だから担当者を変更してほしい」という顧客からの依頼がありました。タバコだけでチャンスを失いたくないものです。

13

自分ではおしゃれでしているつもりの〝ナマ足〟も、人から見たらただの〝裸足〟です。

14

相手の目に「不作法」「だらしない」と映ってしまうでしょう。

日本のビジネスマナーでは、**ストッキング着用**が求められています。また、**サンダルやミュールなどもマナー違反**とされています。

なお、バックストラップの靴も要注意です。サンダルではありませんが、上質なビジネスの場では避けてください。なぜなら、動くうちに、かかとのストラップが下がった状態で、ちゃかちゃか歩くことになりかねないからです。自分はラクでも、傍目には相当だらしない姿です。

女性の営業スタッフを多数抱えていたマネジャー時代、私はみんなに、**大きめのイヤリングとペンダントはしないほうがいい**と指導していました。理由は単純です。お客様の気が散るからです。

顔の近くにあるので、どうしても目立ってしまい、お客様がプレゼンに集中できません。

同様に、マナーの見地からは、指輪の数にも限度があるのはご存知ですか？

片手に1つ、これより多くはつけない、というのが基本マナーです。

片手に2つ以上になると、派手に見られてしまう上、「あの指輪、素敵だわ、いくらするのかしら?」とお客様の興味がそちらにいってしまいがちです。これがその理由です。

15 リップグロスは唇の真ん中などにポイントメーク的につけ、ツヤを足すにはOKです。唇全体にどっぷりつけるのは場違いな印象になります。やめたほうがいいですね。

服装レベル2 **ジャケット**

下はスカートでもパンツでもかまいません。「ジャケットを着用している」ことが必要です。上下そろったスーツよりも、ややカジュアルな印象になります。

服装レベル3 **エリのあるブラウス**

エリのあるブラウスなどを着ていることです。
夏場などに便利な服装です。

コラム　においのビジネスマナー術

①香水——つける営業は成績が上がらない！

先ほど「チェックテスト」（186ページ）のところで、営業職の人間がお客様のところに行くときには香水をつけないほうがいいということを書きました。これは意外かもしれませんが、とても大事なことなので、もう少し説明しておきたいと思います。

私は営業のマネジャー時代、部下に対し、香水はもちろん、オーデコロンなどの淡いにおいのものも、すべて禁止していました。

「仕事が終わった後、気分転換につけるのはいい。でも、これから客先に出向くときには、自分が好きだからといって、決して香水はつけないように」

そう指導していたのです。これは男女ともに同様でした。

なぜでしょうか？　理由は、**人間も元はと言えば「動物だから」**です。**動物である以上、基本的に心のどこかに必ず「なわばり」意識がある**のだそうです。

自分のにおいがするなわばりに、ほかのにおいを持った生き物が入ってくると、「自分のなわばりを守りたい！」「ほかの生き物を追い出したい！」という意識が自然に働くそうです。

ですから、そこが会社であっても家であっても、違うにおいをさせた生き物、つまり〝香水をつけた営業〟が入ってくると、**無意識に「この人間を追い出さなければ！」と思ってしまう**そうなのです。

せっかくアポを取り、すばらしい商品やサービスをたずさえて、見込み客を訪問しているのに、自分が香水をつけているだけで、相手の脳裏に「追い出したい」という気持ちが芽生えるなんて、もったいなさすぎますね。

また、どれほど自分が気に入った香りであったとしても、100人中100人が好むとは限りません。体調などによって、そのにおいに耐えられないと思う人もいるかもしれないのです。

ですから、私は営業に行くときは、絶対に香水はつけませんでしたし、部下にもそのように指導し、これはいい結果をもたらしたと認識しています。

香水は、つけたければ、「アフターファイブのリフレッシュに！」が原則です。

②口臭――気にしすぎる必要はないが、対策は大切！

においという意味で、もうひとつ気になるのは、口臭、体臭ですね。この項目も、新人営業を採用するたびに、最初の日に私が指導してきたことの一つです。

こちらは、香水よりももう少し鷹揚《おうよう》にかまえてよいと考えています。

「明日はお客様に会わなければならないから、今夜は焼肉を食べちゃだめ……」などと、あまり自分の行動を抑制し続けていると、ストレスもたまりますし、気持ちに余裕がなくなり、仕事に対する意欲にも影響が出てしまいます。

食べることは、人間の楽しみの欲求を満たすもののひとつであり、現代のビジネスパーソンにとっては短時間で手軽にできるレジャーにもなっています。

ですから、**食べ物を制限するよりも、便利なツールを利用し、克服したほうがいい**でしょう。

口にすると数分で息がリフレッシュできる商品が今はたくさん出ています。それらを利用しましょう。

「自分は胃が悪いので、口臭が……」という方もいるでしょう。根本的な治療には時間がかかるかもしれませんので、こういったツールを利用し、気持ちよく人前でしゃべれる自分を演出すればよいのです。

③体臭――2つの気づかいで乗り越えよう！

体臭はあまりきついと、前述の香水同様になってしまいますので、気をつけたい項目です。

自分では気づかないものですが、体臭がまったくない、という人はいないと思います。次の2つの気づかいで乗り越えましょう。

①24時間以内に必ず1回はシャワーを浴び、洗髪を行うこと

②市販のデオドラントを使用すること

清潔感は、重要です。

においにたいする配慮は、その人そのものの好感度を増し、異性からも好かれるポイントにもなります。ささいなことのようですが、あなどれませんね。

第5章

ピンチを切り抜ける緊急時のマナー

どんなに仕事がデキる人であっても、
お客様にお詫びしなければならない状況は起きてくるものです。
でも、〝ピンチこそチャンス〟です。
ピンチをただのピンチで終わらせず、
「この営業は他の営業とは違う」とお客様に思ってもらい、
信頼関係をより強化するチャンスに変えましょう。
この章では、そのために知っておきたい「ピンチの切り抜け方」
についてお話ししていきます。

怒られるかも!?　「言いにくいこと」を上手に伝える

営業スタッフは、その立場上、お客様に連絡をするときは**自社を代表して伝えているこ**
とになります。

言いやすいことばかりではないでしょう。時には、これを言うと「こっぴどく叱られるかも」「お客様の気分を害することになるかも」「もう二度と取引をしてもらえなくなるかも」……、そんな危惧を抱きながら連絡することもあるかもしれません。

緊急時に備えて、その場合の対応も熟知しておきましょう。

伝えにくいこととは、具体的にはどういったことでしょうか？　たとえば、

- **事情により急な値上げが発生し、以前相手に提出した見積の金額では引き受けられなくなった。**
- **商品に破損が見つかり、納期が大幅に遅れそうである。**
- **最近まで取引していたが、来月からは断ることになった。**

などです。いろいろな状況がありますが、共通しているのは、**先方にとってデメリットになる情報を伝える**点です。

その際にすべきこととしては、次の5つがあげられます。

Point!

①先延ばしにせず、一刻も早く伝える
②訪問やEメールではなく、まずは電話で伝える
③「どのような変更になるのか」を結論から伝える
④「なぜそうなったのか」、理解してもらいやすい理由を伝える
⑤「対応策」も伝える

まず1つ目の、時間についてです。

先方も仕事の流れや発注など、段取りがあるでしょう。一刻も早く伝えることで相手がこうむるデメリットを抑えることができます。

「なんて言ったらいいのだろう?」「怒られるかもしれない……」などとためらっている

間に、相手の損失を大きくしてしまう可能性があります。
すぐ上司に相談し、対応策を練ってから、少しでも早く連絡することで、こちらの誠意を伝えましょう。

LESSON
「言いにくいこと」ほど早く伝えるほうが得策！

「何かあったら、まずは電話で！」が基本

他にも連絡方法には、主に訪問、電話、Eメールがあります。
一番よいのは、まずは電話をすること。
逆に、**もっともまずい方法はEメール**です。
なぜでしょうか？
電話はその場ですぐに相手のリアクションが返ってきますから、「直接、電話で話すの

は嫌だな」と考えて避ける人がいますが、実はこういった場合には最適なのです。

まず、「真っ先に伝えた」ということを先方に知ってもらえることができます。先方にとっては聞きたくない情報、こちらとしても言いたくない情報、それでも時間を置かずすぐに連絡したという、せめてもの**誠意**が伝わります。

また、相手が怒ったり動揺したりしたとしても、そのリアクションをその場で受け止めることができ、**修復もできる**からです。

相手から責めに責められ〝サンドバッグ〟状態になることも予想されますが、それも**相手が対応策に目を向け始めるまでのわずかな時間**と考えることです。お詫びを言ったり、理由を話すことにより、電話であれば、その一回のやりとりで、まずは完了できます。

電話では、こんなふうに切り出してみましょう。


「○○様、たいへん申し上げにくいことなんですが、不測の事態が起こってしまいました。ご迷惑をおかけすることになるかもしれませんが、影響を最小限にとどめるべく、○○様には、真っ先にご連絡をさせていただきました」

そして、言い訳がましくならないよう**結果から先に言い、その後、理由を補いましょう。**

相手が精神的に動揺することも予測されます。事務的な対処をせず、相手の心の動きを受け止め、**あらかじめ上司と相談して決めておいた対処方法を話してみましょう。**

> LESSON
> **「結論→理由」の順に伝え、相手の気持ちや怒りも受け止める**

こういう場合はEメールは禁止！

これがEメールだと、どうなるでしょうか？

タイミングが悪ければ、相手がEメールを見るのは、こちらが送信して24時間以上経過してから、ということも想定されます。

緊急事態について、いつ見るかもわからないEメールで送ってきた**配慮のなさに、さら**

に相手は怒りを感じるかもしれません。

そして、社内の誰の目にとまるかわからないEメールは、**リスク管理**の面からも気をつけなければなりません。

もっともまずいのは、Eメールはその場で相手があなたにすぐリアクションをぶつけることができない点です。**相手にすれば、怒りの持って行き場がなく、強いストレスが残る、**ということを知っておきましょう。

さらに、Eメールの特徴として、読み返すことができる点も見逃せません。

一度読んで腹が立った文面を、再度、確認のために読み返してさらに腹が立ち、怒りが増幅することも起こります。

昨今、ネットを介した残忍な事件も少なくありませんが、それも、書き込みやメールの文面を読み返して怒りを増幅させたため、というデータもあります。

よって、まずい情報、言いにくい情報、**相手のデメリットになる知らせをEメールで送りつけるのはもっとももしてはならない行為**ということになります。

さて、訪問して伝える、というのはどうでしょうか？

一見もっとも丁寧な方法と思われますが、一刻を争う事態には不向きです。
先方とこちらの面談の時間の調整がつくときが、ずっと先になることも考えられます。「会って言おう」と思っていたために、数日後、もしくは1週間も先になるのであれば、相手も、**「電話でいいから、なぜ、もっと早く知らせてくれなかったんだ!」**と思うでしょう。言いにくいことは電話で伝え、そのリアクションを受け止めるべきだと覚えておきましょう。

LESSON
Eメールでのお詫びは百害あって一利なし!

言いにくいことを言うときはこの順番で

こういった電話をかける場合は、たいてい、相手も電話の向こうで「何が出てくるのか?」とどぎまぎしているものです。

ですから、もってまわった言い方や、言い訳を先にするのではなく、すみやかに本題に入りましょう。

「結果から申し上げて、たいへん残念なことですが、以前お出しした○○に変更が生じました」「たいへん申し上げにくいことなのですが、決定してしまったことを申し上げます」

そして、なぜこのような変更になったのか、すべてを包み隠さず言う必要はありませんが、**相手が理解できる範囲の理由は伝えます。**その上で、対処方法を伝えましょう。

まず、話す順番は、次のようになります。

Point

①**結論**　「たいへん残念ですが、〜となりました」
⬅
②**理由**　「なぜかと申しますと〜」「実は〜」
⬅

③対処法　「〜のようにさせていただければと思っております」

①〜③を復唱し、確認する

相手は、突然かかってきた電話に動揺しながら聞いているかもしれませんので、最後に、

「今回のお話をまとめますと」

などと言い、**確認することを忘れない**ようにしましょう。
また、その上で、事の重大さによっては、あらためて**訪問する約束をその電話で取り付ける**必要があります。

「取り急ぎ、今、お電話でお伝えいたしましたが、
さらに詳しいことや対処方法のご相談につきましては、
上司とともにご訪問させていただいた上で、お話しできればと思います」

いったん、電話でひととおり話してあるうえ、訪問までの時間がクールダウンにもなること、また、新たなアイデアを構築する準備期間ともなりますから、面談時には話がスムーズに進みやすくなります。

今後もお付き合いを継続することを念頭に置いて、言いにくいことを言うときほど繊細な心づかいを忘れないようにしましょう。

LESSON

クレームには「結論→理由→対処法」という3ステップの話し方で対処する

どうする!? クレーム電話への対処法

顧客からのクレームの電話を取るのは、誰でも気持ちが沈みがちなものです。

しかし、**「自社の成長をうながすヒント」**という重要な情報を秘めているのもクレームの電話なのです。

いざというときのために、その具体的な対処法を知っておきましょう。

なお、ここでお伝えするのは、いわゆる〝クレーマー〟と呼ばれる、企業にいわれのないクレームを突き付けては金品などを要求する人たち、もしくはヒマに任せていたずらにからんでくる人たちへの対処法ではありません。

基本的には善意でありながら、自社サイドの対応が間違っている、食い違っている、もしくは不十分であるために怒り、それを指摘してきたお客様への対処法です。


一番してはいけないことを先に言っておきます。

それは、かかってきた**クレームの電話を「たらいまわし」にすること**です。

電話を取った人それぞれが「私とは関係がない」「私は悪くない」という態度で、「では、担当に代わります」という言葉とともに次に電話をつなぐ、という行為です。

これでは、お客様をさらに怒らせてしまいますし、また、自社にとって大事な情報も聞き逃してしまいます。

するべきことは、次の５つです。

クレーム対応ではこう言えば大丈夫！

最初に、責任感を込めてこう言い切ります。

LESSON

クレーム電話を「たらい回し」にするのは最悪！
相手を怒らせる上、貴重な情報を逃すことに……

Point!

①電話を取った人、直接話した人それぞれが、お客様の話をしっかり聞く
②何があったのか、出来事を時系列にしたがって聞く
③それをメモしながら聞く
④相手の気持ちを察するあいづちを打ちながら聞く
⑤相手が話し終わったら、メモの内容を復唱し、確認する

「まずは、わたくしがおうかがいします」

次に、何月何日何曜日の何時に、何が起こったのか、気分や感情ではなく、**出来事そのものを聞き出し、メモして**いきます。

「メモしながら聞いておりますので、どういったことがあったのか、時間にそってお話しいただけますでしょうか？」

興奮して早口になって、一方的に話す人も多いものです。が、その場合にも、落ち着いて仕切りましょう。

「今、お電話が遠かったようで聞きづらかったようです。メモしておりますので、もう一度おっしゃっていただけますか？」

相手の感情の高まりに歯止めをかける効果もありますし、実際、メモすることで、言った言わない、という食い違いを避けることもできます。

相手の話を十分に聞く姿勢を示す必要もあります。

無用心なあいづちは禁物ですが、必要であれば、次のような言葉をそえて、**相手のつらい感情や状況を察する気持ちを表現**します。

「(そんなことがあったのですか) たいへん失礼をいたしました」

「(おつらい状況を) お察しいたします」

「わたくしが同じ状況でもそのように感じると思います」

「おっしゃることはごもっともと感じます」

「たいへんおっしゃりにくいことを言っていただき、ありがとうございます。感謝申し上げます」

いきなり、**「申し訳ございません」「すみませんでした」などと、連発しないこと**です。

というのも、それにより、「謝ればすむと思っているのか!」などと、次なる感情を誘発する場合もあるからです。

　また、無用心に謝ってしまっては、事実関係もあいまいなまま、こちらの非を認めたことにもなりかねません。

　あいづちを打つ場合には、前述のように相手の気持ちを察し、受け止めることです。が、明らかに自社に非があると判断できる場合には、「たいへん申し訳ございませんでした」という言葉を発する必要があります。


　また、次のような、相手の気持ちを逆なでする受け止め方は厳禁です。


「それって、うちの会社が悪いってことですか？」

「誰がいけないんですか？　その人に電話を回しますので」

「一方的にうちの問題なんじゃなくて、そちらにも問題があるのでは？」

「結局、何が言いたいんですか？

何が欲しいんですか？　結論から言ってください」

LESSON

安易に謝らない！　ただし、相手の気持ちを受け止めることは大切

クレームは3名で対応するとうまくいく

まったく解決の糸口の見えないクレーム、というものはありません。**どんなクレームも最終的には、どこかに落ち着きどころを見出すことができるものです。**お客様の中には金品を要求する人もいるとは思いますが、言わないと気がすまないから、まずは誰かに怒りを伝えている、という状況であることが多いのです。

クレームは、通常、次の手順を踏んで処理していきます。

Point!

①事実を確認する
②お客様に対処法を提案する

③自社で事後の学びに生かす

ただし、まず最初にすべきことは、お客様の怒りを受け止め、それをおさめる、ということです。

どうしたら、お客様の怒りの感情はおさまっていくのでしょうか？

Point!

①何度も誰かに怒りの感情をぶつける
②お詫びの言葉を聞くことで溜飲《りゅういん》をさげる
③自分のつらさを誰かにわかってもらう

といったことがあげられます。

ですから、クレームには次のように対応することが重要なのです。

× 誰か1人が対応し、1人が聞き、1人が謝る

◎ 上下関係にある3人で対応、3人が聞き、3人が謝る

最初は、コールセンターのスタッフAさんが電話を取るかもしれません。であれば、まずはAさんの段階で聞き、謝ります。

そして、その上のコールセンターのスタッフの管理にあたるスーパーバイザーのような人間Bさんが、同様に聞き、謝る。

その上で、営業の担当者本人が、聞き、謝る。

このように3段階で対応します。

お客様には何度も同じ話をしてもらうことになりますが、3人に対して状況を話すことにより、次第に頭が整理されてくるものです。

何度も同じ話をさせて申し訳ないと思う場合は、このように言いましょう。

「おっしゃりにくいことを何度もお話しさせてしまい、申し訳ございません。
わたくしは、会社に事実関係を伝えて、会社の改善に働きかける立場なものですから、
何度も恐縮ですが、わたくしにも、どういったことがあったのか、
再度、お話しくださいませ」

3回話すうちに、お客様も冷静な気持ちになっていくことが多いものです。

「いえ、一方的にそちらが悪いのではなく、こちらにもこういった点で不備はあったのですが」

などといった言葉が出てくる場合もありますし、

「もともとそちらの会社のファンだからこそ、よくなっていただきたいと思って言っているのです」

などという、ありがたい言葉をいただくこともあります。

お客様から「誠意を見せてほしい」と言われたら

お客様から「誠意を見せてほしい」と言われる場合もあります。

誠意を見せる、見せないは押し問答になりがちです。

落ち着いて、逆にこのように尋ねましょう。

「チャンスをいただき、ありがとうございます。
こちらとしましては、今の○○というご提案で、
十分に誠意をもって対処させていただいたつもりです。
○○様がおっしゃる誠意というのは、
具体的にはどうすることなのでしょうか？」


何か要求がある場合には、ここで相手から本当の要求が出てくるでしょう。

お金で解決するのは、もっとも避けるべきことです。こちらからは、**金銭以外のことで、相手に何らかの形でのメリットを提供する**こと伝えます。

金銭に関しては交渉の余地あり、ということを相手に感じさせないことが大切です。

こちらの「できること」と「できないこと」を明確にしておきましょう。

第6章

他人に差をつける
ビジネスマナー

ここまでは、ビジネスで成功するために知っておきたい基本的なマナーについてお話ししてきました。

最後に、さらにワンステップ上を目指す人のために、「他人に差をつけるコツ」をお教えしましょう。

どれも難しいことではありません。

でも、習慣にすることで、時間がたてばたつほど、高い効果を実感できるものばかりです。

読んだだけで終わらせず、ぜひ実践に移してくださいね。

“売れるオーラ”が出ている営業になる方法

「あの人にはオーラがある」とか、「オーラが出ている」という言葉があります。

不思議と人を引き付け、商談がスムーズに進む、万事がうまく運んでいく——そんな雰囲気が全身から出ている人、存在感がある人、輝いている人のことです。

いったい、どうしたら、そんな**オーラのある営業**になれるのでしょうか?

私は日々、さまざまな企業で講演する立場にあります。

講演者というものは、目の前に人が300人いても500人いても、意外にも、一人ひとりの顔や様子が見えているものです。

しかも、最前列だけではなく、会場左右の端や最後列のほうまで。

ときどき、このようなことがあります。

300名もいる人の中で、目立ってオーラのある人を見つけることがあるのです。

そこだけまるでスポットライトが当たっているかのように、その人だけが一人光って見えます。

決して、派手な色の服を着ているとか、目鼻立ちが際立っているということはありません。でも、明らかにオーラを放ち、目に入ってくるのです。

また、このようなことがありました。

営業のマネジャーをしていた頃のこと、毎月のミーティングで、私は2時間ほどの講習を行っていました。

「今回決まった会社の方向性は、こうです。

このプロジェクトは私たちにとって、とても大きなチャンスであり、収入の増加をもたらしてくれるものです」

などと言って、私は毎月、関東、関西、広島、名古屋など各地で会社の方針を伝えていました。

目の前には数十人ほどの人がいるにもかかわらず、気がつくと、私は左のAさん、そして右のBさんのほうばかり見て、話をしているのです。

全体を見渡して話せばいいものを、なぜこの2人にばかり目がいくのかしら?

自分でも不思議でした。

本当にこの2人には**オーラがあり、目が吸い寄せられるようにそこにいってしまう**のです。

あるとき、とうとう、他の人たちとオーラのある2人の違いがわかりました。

それに気づいたのは、Aさんが私にお辞儀をしたときのことです。

「今月は、マネジャーのおかげでよい成果を出すことができました。

教えていただいたあのセールストークで目標が達成できました。

本当にどうもありがとうございました」

そうAさんは、私の目を正面から見て最後まで言い切り、その後で、しっかりと美しいお辞儀をしたのでした。

私は、「これだ！」と思いました。

つまり、こうです。


Point!

①まず、正面から相手の目を見る
②次に、しっかり言葉で伝える
③その後で、きちんとお辞儀という行動をする

この行動、一つひとつのけじめが美しく、それがひいてはオーラにつながるのだ、ということです。

多くの人はこうです。

「ありがとうございます」と言いながら、お辞儀をする

これでは、①「相手の目を見る」、②「お礼を言う」、③「お辞儀をする」という3つの行動がいっしょになってしまっています。

よって、きびきび感がなく、同時に美しくなく、伝わらない。

もう少し言うと、お辞儀をしながら「ありがとうございます」と言ったのでは、頭が下がった状態で、相手の目を見て言っていないので、伝わらないのです。

目線と、一つひとつの言葉と行動をきちんと分けて、区切って行うことで美しい所作となり、オーラが出るのだな、と気づいた出来事でした。

マナー研修で必ず習うことの中に、**「語《ご》先《せん》後《ご》礼《れい》」**というのがあります。

Point !

相手の目をしっかり見た状態で、
「おはようございます」
「ありがとうございました」
などの言葉（語）を先に言い、
その後、30度頭を下げるお辞儀（礼）をする

つまり、「言語が先」で、「礼が後」という意味です。

新入社員時代に、徹底してこれを練習させられたという方も多いのではないでしょうか。「型にはまったお辞儀の仕方だ」「ビジネス上では、こうすべきなんだよね」と、表面的に受け止め、普段はめんどくさくてヤル気がしないと思う人もいるかもしれません。

しかし、この「目線」「言葉」「行動」という3つを一つひとつ区切りながらきちんと行うだけで、いきなり所作が美しくなり、また同時に気持ちが伝わり、ひいてはそれが人を引き付けるオーラとなって自分自身が目立ち、輝くのです。

「語先後礼」は、ただの形式ではなく、大勢の中でもオーラを放てる自分になるため、ぜひ実行したいものです。

さて、講演会の場で、数百人いる中でも目立つ受講者とは、どんな人なのでしょうか？

ある大きなホテルの会場で、500名の前で講演をしたとき、こちらから観察してみました。

すると、面白いことに気づきました。オーラのある受講者とはまた、「目線」「言葉」「行動」の3つがきちんと分かれていて、際立っている人だったのです。

まず、100％しっかりこちらを見て、話を聞いています。

そして、「あ〜、なるほど！」などというあいづちや、理解を示す言葉を発した後、今度は下を向いてメモを取る、などの行動をする人だったのです。

決して、下を向いてうなずきながらメモを取る、もしくは、どこか遠くを見ながら黙って聞いている人ではありませんでした。

目線、言葉、行動、この3つをきちんと分けて行わないと、美しくない。

3つを区切って際立たせて行うことが美しい、そして、それが**オーラとなって自分自身を輝かせ、目立たせる、また、目をかけてもらえる人になれるのだ、**ということに気づいたのでした。

オーラとは、意識的に行動することで出せるものだったのですね。

LESSON
3つの行動を同時に行うと、光らない！
「オーラ」を出したければ、別々に行うこと

社内の人を味方につける方法

お客様はとても大事ですが、〝**できる営業**〟はもう一つのことも大切にします。

それは、社内の人間関係、信頼関係です。

いざというときには社内の人たちがみんな自分の味方になって立ち働いてくれる、そんな〝結果を出しやすい環境〟を自ら日々、作っていくことが大事です。

ここではそのためのビジネスマナーを紹介していきましょう。

社内の人は、大きく分けて3つです。

Point!

①上司である営業管理職
②同僚の営業マンや後輩
③サポートスタッフ

これら3タイプの方たちとの付き合い方、接し方についてお話ししていきましょう。

上司との賢いコミュニケーション術

ビジネスマナーというと堅苦しく聞こえますが、その真髄は、

「相手は、何をしてもらいたがっているか?」

「相手は、どうしてもらうと嬉しいのか?」

ということを想像し、行動に移すことです。

営業管理職との関わり方も、これがベースになります。

私は営業のマネジャーとして成果を出していた時期が長いので、上司の気持ちはよくわかります。そんな私から、〝**かわいがられる営業スタッフ**〟のあり方について、お話ししますね。

上司は、あなたに何を求めているのか？

これを考えるのは、むずかしくないですよね。

「結果を出すことでしょ！　売ってくることでしょ！」

そんな答えが返ってきそうです。

もちろん、それは一番大事で、上司も求めていることです。

ですが、営業の仕事は相手のあることですから、毎日いつでもパーフェクトな結果を出し続けられるわけがありませんよね。

であれば、〝**結果を出す部分**〟**以外での上司との関わり方が大切**になってきます。

ポイントは、２つあります。

成功マナー1　プレゼン直後に電話で報告する

営業管理職は、あなたのプレゼンがどうだったか、とても気にしているのです。

どうだったのか？

見込みは大なのか？

いつ頃までに決められそうなのか？

これから先、お客様に対してしなければならない情報提供は何なのか？

競合や価格競争の存在は？

こういったことを、会社に戻ってから『日報』として紙に書いて伝えるのもいいですが、**まずはプレゼンが終わった直後に上司に電話をかけ、結果報告をするのがもっとも賢い営業マンのすることです。**

なぜ、「直後」なのでしょうか？

理由は3つあります。

①自分を気づかってくれている上司への配慮を示せる

真っ先に自分に報告してくる――。そんな部下をかわいいと思わない上司はいません。「どうなったかな？」と気にかけている上司に対し、まずは、すぐに報告することで敬意と忠誠心が伝わるのです。

②報告とは、時間の経過とともに解釈でゆがめられ、真実から遠のいてしまうものだから

「こんなふうに言うと、上司からどう思われるかな？」「こう思われたいから、こう報告しよう」などと、時間がたつと、自分の考えが入り込んでしまいます。

しかし、プレゼン終了直後であれば、ありのままで、虚偽の表現もなく、正確に報告できます。

それで不利になるかといえば、逆です。誠実な好印象につながり、上司から信頼してもらえるのです。

③上司から的確なアドバイスがすぐにもらえる

本当の出来事、お客様とのやりとりをきちんと上司に報告するからこそ、それに見合ったアドバイスをもらうことができるのです。

報告した上で、

「このお客様に対して、この先、どうアプローチしていきましょうか？
～～を提案するのが私はいいかと思いますが、それでいいでしょうか？」

などと、具体的に相談してみましょう。

自分と上司では、**経験の量は上司のほうが上なわけですから、いいアプローチ方法を示唆していただける**、というものです。

成功マナー2 「相談しにくいこと」こそ、すぐに相談する

上司との関わり方のポイント、２つ目にいきましょう。

管理職というものは、ひとたび、期限を切って部下に仕事を任せてしまえば、期限内に仕上がってできてくるもの、と考えています。

また、それを根本において、いろいろな計画を作っているわけです。

ですから、一番嫌われる部下、ダメな部下とはこういう人です。

「やります！」

と言っておきながら、いざ期限の日になってから、

「すいません！　できませんでした」

と言ってくる人なのです。

他の計画まで狂ってしまいますし、なにぶん、時間がなくなってから、その穴埋めに奔走しなければならなくなりますので、本当に迷惑します。

こういった迷惑をかける嫌われる部下にならないためには、しなければならないことがあります。

それは、任せられた仕事の進捗を自分で日々確認しながら進め、**「どうやら期限内に遂行できそうにない」と感じた時点で、すぐに上司に相談して指示をあおぐ**ことです。

「できないかもしれない」と感じた時点で言っていくのですから、これは苦しい相談になります。自分の評価が下がるような気がして気分もよくありませんし、叱責されるかもしれません。

が、最終的に、良い結果を得られるやり方です。

残された時間で良い成果を生み出すことができるように上司に相談し、指示をあおいだうえで、行動するのですから、その後のやり方次第で、期限どおりに結果を出すことができる場合も多いのです。

また、結果がよくても悪くても、上司と自分で一緒に考え、行動した、という〝つながった気持ち〟、連帯感が残ります。

これはとても貴重なことです。

LESSON

報告は迅速に！
相談しにくいことこそ、すぐ報告したほうがいい

同僚の営業、後輩との関わり方は？

「**返報性**《へんぽうせい》**の法則**」をご存知でしょうか？

人は「人の親切心に、親切心で応えたくなる」という法則です。人間に古代からそなわっている心理です。

親切にすれば、親切が返ってくる――。私の経験から言って、同レベルの親切よりも、もっと大きなものが返ってくることも珍しくありません。

ということは、**「先に親切した者勝ち」**ということになります。

たとえば、こんなことがありました。

私が営業だった頃、たまたま電話を取ると、同期のHさんのお客様からでした。Hさんは営業活動で外出中でしたが、お客様はとても急いでいらっしゃるようでした。

私は「Hは、ただいま外出中です」と言ってもよかったのですが、お客様が急いでいる様子を察知し、こう言ってみました。

「Hは、ただいま外出中ですが、
お急ぎでしたら、ご用件をお伺いし、
Hにすぐに連絡を取るようお手配いたしますが」

すると、お客様は「助かった!」といわんばかりに、すかさずこうおっしゃったのです。

「今日の午後4時に社内で会議があって、御社に任せるのか、それとも他社にするのか、最終決議が行われるんだ。

急で悪いけど、最終見積りを作って、午後3時までにメールしてもらえないかな?」

私はすぐにHさんの携帯電話に連絡を入れ、Hさんは無事、3時までに最終見積りを作り、メールで送信することができました。

結果、この案件はHさんのものとなり、契約に至ったのでした。

このことでHさんは、多いに私に感謝してくれました。

「吉野さんがあのとき、機敏に立ち回ってくれたから、他社に取られなくてすんだよ!」

こんなことがあってから、Hさんは、私に対し驚くほど協力してくれるようになったのです。

私のお客様から連絡があった場合にも、感じよく応対してくれたり、また、簡単なことであれば、質問に答えておいてくれたり――。

何よりも、営業スタッフ間にありがちな、「同僚をライバル視し、隙を見て足を引っぱろう」という雰囲気がまったくなくなったのでした。

こんなことからも**「親切は、先にしたほうが得」**ということがわかります。
ちょっとした機転や気働きで、契約が取れるか取れないかは変わってきます。

同僚を味方につけるのと、ライバル視するのとどっちが得策か？

答えは、言うまでもありませんね。
日頃から同僚や後輩が多くの契約が出せるように、無理のない範囲で協力を惜しまない姿勢を保つこと。
そのほうが、結果的に自分にとっても、いいのです。

LESSON
同僚は〝敵〟ではなく味方
自分が先に役立てば、必ず自分にもいいことが！

サポートスタッフとの付き合い方は？

最後になりましたが、**一番失敗しやすいポイント**はこれです。

営業としてすばらしい成果を出し続ける人とは、サポートスタッフとの付き合い方にもひと工夫している人です。

逆に、営業成績はいいのに、なぜか出世が遅い、周りから足を引っぱられたりして、すってんころりん……そんな人を見ていると、「ここが間違っている！」と思うことがよくあります。

会社にとっては生み出される数字、売上はとっても大事で、それを作り出す営業職の人の努力は重大です。

ですが、営業スタッフは、自分一人で仕事をしているのではありません。その働きを支えるサポートスタッフの存在も、とても大きいものです。

営業スタッフが、サポートスタッフにえらそうに言ったり、無理難題を押しつけたりする、そんな光景を少なからず目にします。

こういった行動は、絶対にいい結果を生みません。

こんなことがありました。

ある営業スタッフが獲得してきた契約を、サポートスタッフのところに持っていったときのことです。すでに、わずかですが、月締めの時間をすぎていました。

ギリギリの時間帯でしたから、事務の人がなんとか働きかければ、きっとその契約は今月のものとなったのですが、日頃からされている仕打ちに対する行為なのか、サポートスタッフは四角四面に、その契約は今月のものとして入れることはできないと拒んだのです。

「もう、締切時間を過ぎていますから！」

そう一言、言い放って……。

これがもし、普段から、人間関係をよくし、信頼を獲得していたら、どうだったでしょうか？

「一肌脱ぐ」といった感じで、

「締切の時間は過ぎていますが、私がどうにかしましょう！」

そういう言動を生み出すことができたのではないでしょうか。

つくづく、**サポートスタッフには、平素からねぎらいの言葉と感謝の意思表示とともに、いいコミュニケーションを重ねておく**、これに越したことはないと痛感した出来事でした。

LESSON

常に感謝の気持ちとねぎらいを忘れずに！
自分ひとりで成績が上げられるわけではないことを肝に銘じる

参考文献　『年収を200％UPする！　営業ほめ言葉の達人』吉野真由美（KKベストセラーズ）

［著者］
吉野真由美（よしのまゆみ）
同志社大学経済学部卒業。生命保険、コンピューターの営業職を経て、1994年、世界最大手の幼児英語教材の開発・販売会社に入社。３ヶ月でトップセールスとなる。産休を経て、セールスコンテストで1200名のセールス中、全回上位入賞を果たす。1997年、セールスマネジャーに昇進。その後、５年間で業績を20倍に拡大する。2000年、テレフォン・アポイント会社、マーケティング・サポートを設立。2002年、幼児英語教材会社にて、営業部門の最高タイトルであるリージョナル・マネジャーに昇進。営業組織の全国展開を果たし、2004年度には営業組織の売上を年商20億に。最年少でリージョナル・ディレクターに昇進。2005年10月、営業組織の売上増大と業績向上を支援するコンサルティング会社、マーケティング・サポート・コンサルティング株式会社を設立、代表取締役社長に就任。プレゼンテーションや、電話によるアポイント獲得、モチベーションアップなどのセールス研修、マナー研修、コーチングやプロセス・マネジメントを取り入れたセールスマネジャー研修において、高い評価と信頼を得る。著書に、『営業ですぐ結果を出す人の話し方』（かんき出版）、『稼げる営業の電話は１分』（青春出版社）、『営業でみるみる新規開拓できる魔法のセールストーク』（ＰＨＰ研究所）、『商品がなくても売れる魔法のセールストーク』『なぜか、お客様が喜んで契約してくれる魔法の営業プレゼン術』『たちまち７倍アップ！　テレアポ魔法の絶対法則』（以上、ダイヤモンド社）など多数がある。

売れる人は知っている営業マナー
――アポ取りから訪問プレゼンまで

2008年６月12日　第１刷発行

著　者――吉野真由美
発行所――ダイヤモンド社
〒150-8409　東京都渋谷区神宮前6-12-17
http://www.diamond.co.jp/
電話／03･5778･7234（編集）　03･5778･7240（販売）
装丁―――重原隆
編集協力――鈴木ひとみ
本文デザイン・図版作成　磯崎守孝(磯崎デザイン)
DTP制作　―伏田光宏(F's factory)
製作進行――ダイヤモンド・グラフィック社
印刷―――八光印刷(本文)・慶昌堂印刷(カバー)
製本―――川島製本所
編集担当――酒巻良江

ISBN 978-4-478-00583-5